知的幸福実現論

英語が開く「人生論」「仕事論」

大川隆法
RYUHO OKAWA

まえがき

私はどうも外国に縁のある魂らしい。旅行や経済、政治にも関心が深いが、教育、特に語学的なものには、強く魅かれるものがある。現在までに手を出したことのある外国語は、英語、ドイツ語、フランス語、中国語、韓国語、イタリア語、スペイン語、ポルトガル語（ブラジル語）、ヒンディ語、マラティ語、シンハラ語、タミル語、上海語、台湾語、タイ語、マガダ語、サンスクリット語、アラビア語、ロシア語、ペルシャ語など、20カ国語前後だが、ほぼ、日本語と同じレベルの説法ができるのは英語だけである。

英語は実にいい。美しく進化した言葉だ。しかも新しい能力を開発し、人生に未来を開いてくれる。世界的に不況の今、英語が使えるということがどれほど心強いことか。英語はあなたに、新しい人生観、世界観を与え、世界人としての自覚を促してくれる。

私の英語説法も、海外では、TV中継を含めて千万人単位の人たちが聴いてくれている。アフリカのウガンダの書店では、二人の女性から、英語の著書にサインをせがまれた。マレーシアでは、レストランのウエイターが一緒に写真をとらせてほしいとせがんできた。何だかとてもうれしい。

また、英語が使えて海外を巡るようになって、日本という国を客観的に眺《なが》められるようになり、政治的な発言も鋭さを増してきた。

語学を機縁とした「知的幸福実現論」を一冊にまとめてみた次第《しだい》である。

二〇一二年　十一月二十一日

幸福《こうふく》の科学《かがく》グループ創始者兼総裁《そうししゃけんそうさい》　大川隆法《おおかわりゅうほう》

英語が開く「人生論」「仕事論」　目次

2 「受験英語」か「実用英語」か　28

第2章　英語が開く「人生論」「仕事論」〔質疑応答〕

第1章

英語が開く「人生論」「仕事論」

―知的幸福実現論―

二〇一二年十一月二十日　収録
東京都・幸福の科学総合本部にて

1 幸福の科学の「英語教育」に込《こ》めた願い

「英語学習効果論」を一般《いっぱん》向けに述べてみたい

「英語が開く『人生論』『仕事論』」というテーマについて述べていきたいと思います。

日本語で話すのは、何となく力が抜《ぬ》けますね（笑）。私は、英語でも構わないのですが、聴《き》いている方々が英語だと厳しいらしいので、日本語でやらせていただきます。

このところ、私は英語の教材等を出していますが、かなりの数になってきました（二〇一二年十二月現在、百数十冊）。それが、外部からは、〝無免許営業《むめんきょ》〟でもしているかのように見え始めている様子が、週刊誌の〝切れっ端《ぱし》〟のような記事（「週刊新潮《しんちょう》」二〇一二年十一月二十二日号）から感じられます。

英語の教材等は、会内向けにしか出していませんので、そろそろ、「英語の勉強」や、それに関する「人生論」「仕事論」についての本を一般《いっぱん》向けに出したほうがよい時期でしょう。

そういう趣旨《しゅし》で、今回は、「自分と英語とのかかわり」等について述べたいと思っています。

会場のみなさんも、英語の勉強についての質問をお持ちでしょうから、後ほど、質問をお受けしまして、何とか、英語ではなく日本語で「英語学習効果論」のようなものを述べ、一冊の本にまとめたいと考えています。

「英語で仕事をする日本人」として
最大限のプレッシャーを受けている私

「宗教家のくせに、英語の参考書などを出してけしからん」という意見が多少ないわけでもないでしょう。しかし、その当否は、やはり、「結果」や「実績」によると思います。

先ほど、秘書から聞いた話では、白金高輪《しろかねたかなわ》駅から出てくる小学生が、私の英単語集を持っていたそうです。きっと、中学受験の勉強をしていたのでしょう。まことに、ありがたい話です。

また、最近、『大川隆法 シンガポール・マレーシア巡錫《じゅんしゃく》の軌跡《きせき》』（幸福の科学出版刊）が発刊されました。これは、昨年の海外巡錫講演の記録を本にしたも

『大川隆法　シンガポール・マレーシア巡錫の軌跡』
（幸福の科学出版刊）

のです。このときは、約三千人を相手に、原稿《げんこう》を使うことなく、〝生《なま》〟で英語説法《せっぽう》をしました。それが、活字になり、ＤＶＤになって頒布《はんぷ》されるわけですから、これは、かなりのプレッシャーです。

さらに、私の講演が国営放送や民放のテレビ局で生中継《なまちゅうけい》された国もたくさんありましたし、アフリカ・ウガンダでの講演は、何カ国にもテレビ中継されました（推定千万単位の人が視聴《しちょう》）。

まともに考えますと、私は、「英語で

仕事をする日本人」としては、最大限のプレッシャーがかかっている人間の一人と言えるでしょう。

もし、海外において、何千、何万もの人々を集めて〝生〟で英語説法をし、それがテレビで中継され、その説法の内容を活字にされ、ＤＶＤで頒布されても平気な人がいたら、どうぞ前に出てきてください（笑）。これは、けっこう厳しい仕事ですよ。

私は、どのような演題でも、ほぼ日本語と同じように話ができますし、内容も、そう大きく変わりません。まあ、発音は少し下手ですけれどもね（笑）。

インタビュアーの「英語力」の影響《えいきょう》を受けたオバマ守護霊霊言《しゅごれいれいげん》

それから、最新の仕事としては、オバマ大統領の守護霊《しゅごれい》に対して、再選の翌日、東京にて、英語で長いインタビューを収録し、それを本として発刊しました（『バラク・オバマのスピリチュアル・メッセージ』〔幸福実現党刊〕参照）。

この本には、四年前の当選翌日に録《と》った英語霊言《れいげん》もあわせて載《の》せています。その間が、四年ほど開《あ》いていますが、この本を読むと、基本的には、オバマ守護霊の思想が一貫《いっかん》して同じであることが見て取れます。

英語の分量は、今回の霊言のほうが、かなり多く、よく話しておられますが、基本的な考えは同じであることが分かります。

ただ、前回の霊言は、インタビュアーの英語力が、今回の人たちよりも上だったせいか（笑）、四年前の二〇〇八年のインタビューにもかかわらず、意外にレベルが高かったですね。

『バラク・オバマのスピリチュアル・メッセージ』
（幸福実現党刊）

ちなみに、私は、二〇〇七年の十一月から海外での英語説法を始めましたので、前回のオバマ守護霊霊言は、それから約一年後の霊言です。このときの私の英語力は、まだ、それほどではなく、「何とか説法している」というレベルでしたが、このオバマ守護霊の英語による答えを聴くと、かなり切れている感じがします。これは、やはり、「訊《き》く人がナチュラルな英語を話せるレベルだと、そうとう速い英語で答えが返ってくる」ということを意味していると思います。

今回のインタビュアーの三人は、英語力に多少のデコボコがあったかもしれませんし、オバマ守護霊も、彼らのジャパニーズイングリッシュに対して、若干《じゃっかん》の戸惑《とまど》いを覚えたようです。だから、よく話してはいるものの、聞き手が理解できるような速度で、また理解できるような単語で話していると感じました。

そのへんは、「彼が大人になった」と言うべきかもしれません。オバマさんが大人になり、日本に対しても、配慮《はいりょ》している面が感じられます。

前回、彼は、「中国重視」ということを、はっきり言ってきましたが、今回は、そうは言っていませんし、日本を上手に取り込《こ》もうとしている感じがします。それは、彼が四年間大統領を経験して、少し器《うつわ》が大きくなった面が、「寛《かん》容《よう》さ」として表れているのかもしれません。

このように、「相手があっての英語」であるため、レベルは多少変化しましたが、内容には、基本的に似たようなところがありました。

「いい度胸」をしていないと、英語で霊言集などは出せない

当会は、「いい度胸」をしているので、こうした内容の本を、平気で発刊し

ています。

今朝（十一月二十日付）の読売新聞にも、『バラク・オバマのスピリチュアル・メッセージ』「守護霊インタビューを敢行《かんこう》！」という書籍《しょせき》広告が表紙の写真つきで載っています。先日も、産経新聞に載っていましたが、「大新聞がよく載せるなあ」と私も感心しています。

これは、逆に言いますと、例えば、「アメリカのサイキック（霊能者《れいのうしゃ》）、あるいはミーディアム（霊交能力者《れいこうのうりょくしゃ》）が、日本の野田《のだ》首相の守護霊霊言を日本語で降ろして、それに英訳を付けた本を出し、その広告を、向こうの新聞に載せる」、あるいは、「安倍《あべ》さんが首相になった翌日に、アメリカで安倍さんの守護霊メッセージを日本語で伝え、その英訳も付けて本を発刊し、向こうの新聞に広告が載っている」というようなことに相当します。このように、シチュエーション（状況《じょうきょう》）を入れ替《か》えてみれば、そうとうなレベルであることが分かるでしょう。

もし、そういう本をつくって発刊した場合、アメリカ駐在員《ちゅうざいいん》をしている日本人などが、〝野田さん〟や〝安倍さん〟の話した内容を読めば、おそらく、「本物か、偽物《にせもの》か」の判定はつくだろうと推定されます。偽物であれば、「これは、少し違《ちが》うんじゃないか」という感じがして、分かると思いますね。

そういう意味で、「このような本を英語で出す」ということは、かなり、いい度胸をしていないとできません。また、「その広告が新聞に載る」ということは、「ある程度の信頼《しんらい》を得ている」ということでもあろうかと思います。

「国際的な人材を育てたい」という願いを英語教育に込《こ》めている

日本には、霊能者が大勢いるでしょうが、私の場合、現時点で、ある程度、公的な批判に耐《た》えられるレベルまで来ていると思います。

そういう人が、『TOEIC《トーイック》を受験する人たちへ』などという〝生意気な〟本を書いたりしているわけですが、これは、「最終的には、国際伝道につなげていきたい。あるいは、国際舞台《ぶたい》で活躍《かつやく》できる人材を育てたい」という願いを込《こ》めて、英語教育法について述べているものなのです。

また、同じく、そうした考えから、「幸福の科学学園」や、仏法真理塾《ぶっぽうしんりじゅく》「サクセスNo.1《ナンバーワン》」をつ

『TOEICを受験する人たちへ』

（宗教法人幸福の科学刊）

くり、さらに、「幸福の科学大学」もつくろうとしているわけです。

したがって、実際上、私には、「英語の学習」や、それに関する「人生論」「仕事論」について、ある程度、語る資格があると思っているのです。

確かに、英語がよくできる方は大勢おられますし、当会にも、英語がとても上手な帰国子女の方がかなりおられますが、最近、「TOEICに関する本でいちばん易しいレベルの本をつくろう」と思って、長女（大川咲也加《さやか》）と一緒《いっしょ》に、『TOEIC300点からの挑戦《ちょうせん》』という本をつくりました。

ただ、活字で読めば易しくても、リスニングのほうは、国際本部のバイリンガルの方の吹《ふ》き込みだと思われますが、かなり難しく、ほかの

『TOEIC300点からの挑戦』
（宗教法人幸福の科学刊）

教材とのレベル差はほとんど感じられません。「当会も、なかなかレベルが高いなあ」と感じています。

2 「受験英語」か「実用英語」か

恵《めぐ》まれない環境《かんきょう》で英語学習に励《はげ》んだ中学・高校時代

さて、私は、四国の徳島《とくしま》県で生まれ育ちました。「ど田舎《いなか》」というほどではありませんが、「中程度の田舎」であったため、英語の学習環境《かんきょう》としては、それほど恵《めぐ》まれてはいなかったと思います。東京の人のように、幼児期から英語塾《じゅく》などに通うこともありませんでした。

今であれば、外国人の先生は、全国のいろいろな所に数多くいますが、私が学生のころは、まだ、中学・高校とも外国人の先生はいませんでした。英語を教えてくれる先生は、外国へ行ったことのない日本人であったため、その先生の発音が正しいかどうかすら分からない状況《じょうきょう》で勉強していましたので（笑）、それほど良好な環境ではなかったと思っています。

ただ、中学一、二年生のときは、女性の英語の先生が担任で、私のことを気に入ってくれており、一年生のときに続いて、二年生のときも、私の担任をしたくてクラスを選んでくれたような人でした。そういうところは幸運だったと思います。今となっては、その先生の語学力の程度は分かりませんけれども、同級生たちが日本語的に発音しているような英語を、正しい発音に言い直したりするようなことはしていました。そのくらいはできたようですね。

まあ、中学時代、英語は、普通《ふつう》に秀才《しゅうさい》レベルぐらいはできたように思います。中二のときに、中三の生徒と一緒《いっしょ》に模試を受けたところ、「英語で九十点台の人が一人だけいる」ということがありました。それで、中三の英語主任に、「この九十四点を取っている人は誰《だれ》ですか」と訊《き》いたら、「それは、あなただ」と言われたのを覚えています。中二の時点で、中三の生徒よりも学力が上だったわけです。

そのような感じで、私は、高校入試レベルでは、全教科が満遍《まんべん》なくできるようなタイプでしたし、中学時代は、いつも、全県のトップ争いをしていたぐらいかと思いますね。

高校に入ってからは、いちおう、オーソドックスに、学校のカリキュラムに沿って授業を受け、参考書や問題集を使って勉強していました。

しかし、先ほども述べましたように、外国留学の経験がある先生はいなかったので、どの程度の英語レベルだったのかは分かりませんが、日本の受験指導ができる、オーソドックスなタイプの先生だったのではないかと思います。

「漢学」の伝統から「英語学習法」を確立したのは日本人の功績

ちなみに、日本の受験英語業界には、中学・高校用の参考書や問題集がたくさんあります。英語の勉強論が確立して百数十年がたつわけですが、これは、日本独自に発達したもので、もともと、欧米圏《おうべいけん》には、こういうものはないのです。

英語学習法を確立したのは、日本人の功績です。

日本には、江戸《えど》時代から続く、漢学の伝統があり、「語順の違《ちが》う中国の漢文に、返り点を打って、書き下《くだ》し文にし、日本語にして読んでいく」という勉強法がありましたが、それを、明治以降の人たちが、英語版としてつくりかえたのです。つまり、横文字を縦に直す方法ですね。

これは、日本独自の勉強法であり、韓国《かんこく》などにも、受験勉強の仕方として入っていきました。だから、元は、漢学の伝統から入っていると思われます。勉強の仕方としては、ほぼ同じやり方です。

実際、明治時代ぐらいであれば、漢文を読めた人は多かったですし、漢詩をつくれる人や、漢文を書ける人もかなりいました。昔の伝統を担《にな》っていたわけですね。

例えば、英文学者である夏目漱石《なつめそうせき》も、漢詩を書いています。要するに、中国語を使って、中国人が読んで感動するぐらいの漢詩が書けたのです。乃木《のぎ》将軍や山県有朋《やまがたありとも》も漢詩を書いていますね。

このように、日本の文化的伝統は、かなりのレベルにあったと思います。

今、日本人に、「英語で詩を書けますか」と訊いても、なかなか書けないでしょうし、英米人であっても、そう簡単ではないと思います。特別なクラスで、特訓しなければ詩は書けないでしょうし、特訓しても、そもそも才能がなければ書けません。

しかし、明治時代に偉《えら》くなった人たちのなかには、漢文で詩を書けた人たちが大勢いました。これは、教養の伝統があったということを意味しています。

そして、海外に行って、英語を勉強してきた人たちが、漢文の解釈《かいしゃく》の仕方を英語に適用し、独自の〝受験英語界〟をつくってきたわけです。それは、一つのジャンルであり、確固としたものとして、長く続いてきております。

渡部昇一《わたなべしょういち》氏と平泉渉《ひらいずみわたる》氏との間で起きた『英語教育大論争』

私が青春期を送る前後のころに、そうした百年ほど続いている伝統的な「受験英語」の流れに対して、「実用英語」がそうとう入ってき始めました。そのころは、ちょうど、「実用英語をやらないと後《おく》れてしまう。日本人の英語は通用しない」と言って、両者がせめぎ合っている時代だったのです。

そのテーマについては、渡部昇一《わたなべしょういち》氏と、当時、参議院議員だった平泉渉《ひらいずみわたる》氏が論争し、『英語教育大論争』という本にもなっています。

平泉氏は、外国生活も長く、いわゆる「英語使い」の方でしたが、彼のほうは、「実用英語を入れなければ、日本は駄目《だめ》だ。日本の受験英語では、中高で六年、大学で四年、合わせて十年勉強しても、英語が話せないし、書けないし、聴《き》き取れない。こんなものでは通用しない。十年も勉強すれば、普通はできるようになるものだ」というような言い方をしていました。

それに対し、渡部昇一氏のほうは、「伝統的な英文解釈や、英語の勉強の仕方にも意味がある。これは、世界に誇《ほこ》る、日本独特の学習法だ。ここまで緻密《ちみつ》に英語を読む訓練をすることには、単に『英語を学ぶ』というだけでなく、知能訓練としての意義もある」と言っていました。

要するに、渡部氏は、「『本当は使わなくてもいい外国語を、分析《ぶんせき》して読めるようにする』という学校教育の英語は、確かに、すぐには使えないように見える。しかし、それは、本人の知能開発にもなるし、学問の基礎《きそ》としての精読、つまり、『物事を緻密に読み、的確にできるようにする』という基礎をつくる意味において、非常に重要な学習期間である」という意見でした。

このように、二つの意見がぶつかって、平行線をたどっていたのです。議論としては、渡部氏の考えのほうが、やや優勢に見えましたが、その後、文部省（現在の文部科学省）の指導要領では、平泉氏の考えのほうを採択《さいたく》し、だんだん、実用英語が学校に入ってくるようになりました。

英会話や英作文は採点が難しく、実力が分かりにくい

「実用英語」とは、リスニングやスピーキングなど、会話の授業、あるいは、その教材が多くなることを意味します。

その論争で渡部氏は、「大学の先生が入試問題をつくって採点してみれば分かることだが、『この英文を日本語に訳せ』という英文解釈の問題を出せば、その人の学力が、一発で完璧《かんぺき》に判定できる。しかし、会話の出題では実力を採

点しようがない。だから、英語の先生たちは、みな嫌《いや》がるんだ」というようなことを言っていたと思いますが、それは、ある意味で当たっています。

英会話というのは、かなり自由自在な話し方ができるため、実に採点が難しく、答えに対して何点をつければよいかが分からないのです。はっきり言って、〝趣味《しゅみ》〟の問題ですね。

英会話に近いものとしては英作文がありますが、これも実に採点が難しいものです。

私は、高校時代、学校では、副教材の参考書として、高一で英文法、高二で英文解釈、高三で英作文を中心に勉強しましたが、英作文のところで迷いが出ました。例えば、日本語で書いてある練習問題を英語に訳して、答えを見るわけですが、ぴったりの答えなど、普通は見当たりません。つまり、自分の英作文がいったい何点なのかが分からないのです。「二十点満点だったら、これでいったい何点が付くのだろうか」と不安になるわけです。

学校のテストであれば、先生が適当に点数を付けてくれるため、「そうなのかなあ」と思いつつ、何となく自分の実力が分かりますが、英作文を自習する場合、点数が何点になるかが分かりません。そのため、少し自信がなくなったところがありました。

英会話も同じで、実際、どのようにでも話せるため、確かに採点のしようがありませんし、相手の印象次第《しだい》というところがあります。また、採点するにあたっても、先生によって、「それを正しいと見るか、正しくないと見るか」という印象点が違ってくるので、このあたりは難しいですね。

『中学英語でトニカク話す英会話特訓』
（宗教法人幸福の科学刊）

「トニカク話す」を実践《じっせん》した学園生の「オーストラリア語学研修」

最近、幸福の科学学園中学の三年生が、第一回オーストラリア語学研修から帰ってきて、私の次女（大川愛理《あり》沙《さ》）も、帰国後二日ほど、自宅に泊《と》まったため、いろいろと向こうの様子を訊きました。

『中学英語でトニカク話す英会話特訓』というテキストは、会場のみなさんのように学力が高い大人には必要ないかもしれませんが、二〇一二年四月三日に、私が一日でつくったものです。

「まえがき」には、「第二回幸福の科学学園高校生のアメリカ語学研修の報告、DVD、生徒たちの感想に目を通したところである。苦戦である。現地の高校新聞には、日本の生徒は授業の英語を聞くことも、しゃべることもままならなかったと書いてある。ホームステイもどうやら二〜三日は死闘《しとう》だった模様である。英検の勉強をあれだけやっても、まだ鳩《はと》が豆鉄砲《まめでっぽう》をくらったような感じである。今秋は第一期生の中三生がオーストラリア語学研修に挑戦《ちょうせん》する。高校生よりさらに大変だろう。翌日にあたる今日、たちまち、カンタンな英語で話しまくるための英会話教本を作成した。何かはしゃべれ。完全な文は作れなくとも、フレーズ（語句）だけでも話しかけよ。黙《だま》っていてはだめだ。本書そのものが、初めての英会話、初めての海外旅行に役に立つと思う」と書きました。

前回の研修では、ホームステイ先のハウスペアレンツと会話している映像を見たり、学校で現地の高校生と交流している映像を見たり、学園生が授業参加した様子を書いた地元の高校新聞の記事などを読んだりすると、「これは苦戦しているなあ」と感じられました。

日本で英語の弁論大会にも出ているような生徒でも、「ホームステイしてから二、三日の間は、ほとんど話せず、苦しかった」と言っていたようなので、「これは大変だ」と思って、慌《あわ》ててテキストをつくったのです。

今回は、研修前の夏休みごろから、同書を三回写させるなどして、かなり特訓していたようです。その結果、引率《いんそつ》者から、「前回前々回の高校生のアメリカ語学研修よりも、今回の中学生のオーストラリア語学研修のほうがよくできた気がする。テキストに取り組んでよかった」という感想を聞きました。

「Beautiful《ビューティフル》」を連発するオーストラリア英語の特色

同書を作成する際、私は、オーストラリア英語の特色を入れるかどうか迷いました。「オーストラリアでは、こんな英語を使うから気をつけなさい」という内容を入れようかと思ったのですが、あまり覚えてほしくはなかったので、書かなかったところ、案の定、それが出てきたらしいのです（笑）。

次女がお世話になったハウスペアレンツは、夫のほうが大学の先生で、奥《おく》さんのほうが小学校の先生だったのですが、英語教育に熱心で、日記を英語で書かされたそうです。

次女から、「その人たちは、会話しているときに、やたらと『beautiful《ビューティフル》』と言うのよね」と聞いて、「しまった！　やっぱり出てきたか。『オーストラリアでは、すぐに、beautiful と言う』と書いておけばよかった」と思いました。

これは、「wonderful《ワンダフル》」や「splendid《スプレンディッド》」ぐらいの意味です。

日本の〝駅前留学〟や、その他の英語塾へ行くと、オーストラリア人の英会話の先生の場合、すぐに「beautiful」と言う癖《くせ》があります。しかし、英国人やアメリカ人の先生に対して beautiful を使うと、「そういう間違った英語を使わないように」とすぐに〝添削《てんさく》〟されます。

このように、国籍《こくせき》の違いによって、カルチャーショックが出てくるわけです。

私は、そのことを知っていましたので、「書いておくべきかな」と思ったのですが、結局、「覚えないほうがよい」と判断して、テキストには書きませんでした。そうしたら、次女が帰ってきて、案の定、「beautiful という言い方は何なのだろう？」と言っていましたので、「しまった！」と思ったのです。

ほかの国では通じないことなので、「どうせ、行けば分かるだろう」と思って、テキストに入れませんでした。そのため、少しショックを受けたようです。

ただ、「とにかく、フレーズでもいいし、単語でもいいからしゃべれ」と言ったところ、学園生たちは、かなり英会話が上達したようではあります。

高校時代、英語教師と一緒《いっしょ》に英検一級を受けた私

ちなみに、私は、高校時代、オーソドックスな勉強を中心にやっていました。

高一、高二あたりでは、特に英語に対する苦手《にがて》意識もなく、「かなりできるほうだった」と記憶《きおく》していますが、先生のほうが大して実用英語ができないレベルであったため、そのへんに少し苦しみがありました。

恥《は》ずかしい話ですけれども、私が高校時代に英検一級を受けたとき、私の高校の英語科の主任も一緒《いっしょ》に試験を受けていたんですよ（会場笑）。「ああ、見てしまった」というような感じでしたね。

「教える側と教わる側が同じ試験を受ける」ということは、幸福の科学学園や「サクセスNo.1《ナンバーワン》」でも、今後、何度も起きてくると推定します。追いかけてくる若い人たちの力はすごいですからね。

私の高校の英語科の主任は、「英検一級の一次試験は受かるが、二次試験は何回受けても通らない。海外に行ったことも、留学したことも、外国人と話したこともないので、どうしても通らない」と言っていました。

その先生に教わっている人の悲劇はどうなるのでしょうか（笑）。そういう人に教わっていて、英検一級の二次試験に通るとは思えませんし、事実、私も二次試験になかなか通らなくて、苦戦しました。

「リスニング教材」が貧弱《ひんじゃく》だった昔の英語教育

その当時は、リスニング教材が、今に比べて、かなり貧弱《ひんじゃく》であったことは事実です。今は、外国人教師がいる学校や英会話塾も多く、リスニング教材も豊富にあるので、いろいろと選ぶことができますが、昔は、ラジオの英会話を聴くぐらいしかできませんでした。そのため、私も、「聴くこと」と「話すこと」はやや遅《おく》れていたかと思います。

また、当時は、機材的な問題もあったせいか、リスニングテストは、大学入試以外では、ほとんどないような状態でした。

今は、大学入試のリスニングテストでは、いろいろなメーカーがつくった機材を、各人が耳に付けて聴けるようになっています。ただ、ときどき、リスニングテスト中に機材が故障して、試験をやり直すことはあるようです。

私の当時も、簡単なものですが、いちおうリスニングテストはありました。大学の各教室にある機材にテープを入れ、スイッチをパチッと押《お》して、音声を流すのですが、場所によっては聴き取れないことがあったのです（笑）。要するに、スピーカーの近くの人はよく聴こえますが、遠くの人は聴こえにくいため、やや不利でした。

今ではいろいろな学校でリスニングが行われているでしょう。

そのようなわけで、高校時代の私は、「聴くこと」と「話すこと」については大したことがなかったのかもしれません。

ただ、ペーパーテストのほうは、どのような内容でも、ある程度、できるようにはなっていたかと思います。

3 「英語の種類」を見分けられなかった高校時代

必要とされる英語力は「英語の種類」によって違《ちが》ってくる

私が高校時代に分からなかったのは、「英語の種類」でした。英語の種類の見分け方が、まだ十分にはできなかったと思います。

もちろん、学校英語のシステムの組み方に則《のっと》っての勉強の仕方は分かりましたし、「どうも、英語には種類があるらしい」ということも分かっていたのですが、「英語の種類によって、必要とされる英語力が違《ちが》ってくる」ということが、当時、高校生だった私には、もうひとつ、よく分からなかったのです。

例えば、以前、『教育の法』（幸福の科学出版刊）でも述べましたが、私は、高校二年生のときに、担任の先生から、「英語ができるようになるためには、少し背伸《せの》びをしなければいけないよ」と言われ、東大名誉《めいよ》教授の朱牟田夏雄《しゅむたなつお》が書いた『英文をいかに読むか』という本を薦《すす》められました。この担任の先生は、人格的にも立派な方であり、その後、教頭や校長になり、徳島《とくしま》県の教育長にもなりました。

それで、私は、その『英文をいかに読むか』を三回ぐらい勉強したのですが、その結果、何となく、学校の成績が下がり始めたのです（笑）。その本に載《の》っている英文は、テストに出てくるような英文と、何だか、少し違うんですよ。その本の内容は、基本的に、作品研究なんですね。つまり、その本は、東大大学院のゼミの授業などで読むような作品がもとになっていて、文学論的な作品研究の英文が多かったのです。

実際、東大に入ってみると、みな、大学院受験用の勉強に、その本を使っていました。やはり、高校二年生には少し難しかったのですね。試験に出るような英文を、もう少し、勉強したほうがよかったと思います。

まあ、「背伸びをしなければ、英語は伸びない」とアドバイスされたので、少し背伸びをしてみたのですが、実際上は、迷いが生じたわけです。

とにかく、英文が少し難しいんですね。文法的に難解というか、翻訳《ほんやく》するときに、プロの翻訳者でさえ、頭をかしげて意見が分かれるような英文がよく載っていました。研究者にとってはありがたいのでしょうが、例文を丸暗記したほうがよい受験生にとっては、少し厳しめだったと思います。

私は、そうした勉強によって学力が少しぐらついたのですが、その一方で、「高校一年生のときに学んだ『基礎英語《きそ》』を、十回、繰《く》り返して勉強した」という友人のほうは、学力が伸びていきました。その人のほうが、英語の点数が上になってきたのです。なんだか、悔《くや》しくて、「そんなはずはないのに……。何がいけなかったのだろうか」と思ったのを覚えています。

ただ、そのおかげで、私は、大学受験をする前から、ペーパーバックが少し読めるようになりました。例えば、ジョージ・オーウェルの『動物農場』や『１９８４年』、ヘミングウェイの『キリマンジャロの雪』、アガサ・クリスティの『そして誰《だれ》もいなくなった』や『オリエント急行の殺人』などが、高校生の段階でかなり読めるようになったのです。

もちろん、ペーパーバックを読めるからといって、試験の点がよくなるわけではありません。それは確かです。試験では、切り取った一部分だけの文章を精読していくため、長い英文を読み取れるようになったとしても、点数にはつながりませんでした。しかし、私には、別の意味での学力がついてきていたのだと思います。

「タイム」や「ニューズウィーク」の英語で劣等感《れっとう》の塊《かたまり》に

高校二年生から三年生にかけては、英字新聞や英文週刊誌も読み始め、実用英語も混ざってきました。

その当時、英文週刊誌の「タイム」や「ニューズウィーク」等は、日本では買えなかったため、アメリカから航空郵便で直送されるものを申し込《こ》んだのですが、毎週、送られてくるたびに、すごいストレスを感じました。二つ折りになった週刊誌の帯封《おびふう》を破るのが、だんだん、つらくなっていったのを覚えています。

というのも、それが、あまりにも難しかったからです。もう、涙《なみだ》が〝ちょちょ切れる〟ほどでした。

当時の私は、英語のテストがあると、たいてい百点か九十九点で、先生と、いつも〝言い争い〟をしていました。先生は、「俺《おれ》は、絶対に百点をつけない主義なんだ」と言い張り、九十九点を付けてくるのですが、私のほうは、「この一点を引かれたことに納得《なっとく》がいきません」と言って、交渉《こうしょう》したりしていたのです。

そのため、「英語ができない」とは思っていなかったのですが、「タイム」や「ニューズウィーク」あたりを読み始めると、英語がやたらと難しく、頭がクラクラしたのです。急に、劣等感《れっとう》の塊《かたまり》になるというか、劣等生になったような感覚がして、「高校では秀才《しゅうさい》のはずなのに」と思ったのです。英語ができるのならば、読めるはずなのに、読めない——。当時は、その理由が、どうしても分かりませんでした。

「天声人語《てんせいじんご》」の英文和訳・和文英訳の練習は無駄《むだ》だった

さらに、私は、朝日新聞の英語版など、普通《ふつう》の英字新聞も同時に取り始めました。

特に、「入試では、朝日新聞の天声人語《てんせいじんご》がよく出る」と言われ、その和英対訳を集めた本も出ていたので、天声人語については、英文と和文を切り抜《ぬ》いてノートに貼《は》り、英文和訳と和文英訳の両方を練習しました。しかし、これは、まったくの無駄《むだ》でした。

もう、はっきりと言っておきます。あれは、やってはいけません（会場笑）。「受験に役立つ」というのは会社の宣伝であって、あの英語は、本当の英語ではないのです。あれは駄目です。

特に、原文が、「日本人の、日本人による、日本人のための日本文」なので、これを英訳したものを勉強したところで、外国のものが読めるようにはなりません。まあ、やらないよりはましでしょうが、主として、時間の無駄になるでしょう。

私は、「朝日新聞の天声人語は、国語でも英語でも、よく入試で出題されるので、これなら、英語と国語の勉強が同時にできて便利だな」と思って、その英文を和訳したり、和文を英訳したりしてみたのですが、時間の無駄だったのです。新聞社の宣伝に〝騙《だま》された〟わけですね。

今となっては、ただ懐《なつ》かしいだけの思い出です。開いたノートの両側に、英語と日本語の切り抜きを貼っていき、ノートがものすごく分厚くなっていったのが、懐かしいというか、無残であったなと思います。

「騙された」と言ってはいけないかもしれませんが、損をしたのは事実です。宣伝に乗せられたのは失敗でしたね。

やはり、朝日新聞の英語と、本当の英字紙の英語とでは全然違うのです。


全国模試の成績上位者なのに、英字新聞も英文週刊誌も読めない不思議

ただ、残念ながら、英字新聞のほうも、高校生の私には、やはり難しいものでした。だいたい、見出しから難しいのです。

学校では、文法的に正しい文を習っているのに、英字新聞の見出しになると、冠詞《かんし》の「the」「a」「an」がなかったり、複数形がなかったりします。また、ほとんど現在形で書いてありますよね。完了形《かんりょうけい》も、不定詞も、現在進行形もなく、現在形で、ぶち切りのように書いてあるわけです。

確かに、ある程度、日本語のできる外国人が日本の新聞を読んでも、見出しだけは、よく分からないでしょう。日本の新聞の見出しも、ぶち切りになっていて文になっていませんし、辞書を引いても載っていないような言葉もあるので、日本人には分かっても、外国人には難しいのです。

それと同じように、英字新聞も見出しからして難しく、当然、長い記事を読むのも難しかったですね。このあたりで呻吟《しんぎん》して、少し迷いが出ました。

要するに、受験英語に実用英語が混ざってきたために、苦しみや葛藤《かっとう》が生まれ、少し落ち込んだというか、自信がなくなったわけです。そういう時期がありました。

一方、駿台《すんだい》模試などを受けると、私は、成績上位者として名前が出るぐらい、英語ができました。それなのに、英字新聞も英文週刊誌も読めないのです。まことに不思議ですよね。

駿台模試であれば、受けているのは、東大受験生のような人ばかりです。それで、成績上位者として名前が載るのに、なぜ、英字新聞が読めないのか。なぜ、「タイム」や「ニューズウィーク」が読めないのか。当時の私は、その理由が分からず、自信がなくなっていき、少しグラグラしたのです。

効果がいまひとつだった「大学受験英語の通信添削《てんさく》」

また、その当時、田舎《いなか》のほうには大した塾《じゅく》がなかったため、私は、Z会（旧・増進会）の通信添削《てんさく》も受けていました。Z会は、今は塾も開いていますが、当時は、通信添削しかなく、静岡《しずおか》県の修善寺《しゅぜんじ》という少し辺鄙《へんぴ》な所に本社がありました。いつも速達を使って、答案を送っていたのを覚えています。

この通信添削には各教科がありますが、大学受験用の数学は、私にはさすがに難しすぎて、少し厳しかったですね。

私は大学受験用の英語を受けていましたが、長細い答案用紙の表裏《おもてうら》に書かれた約六百語の英文を訳すのに、とにかく時間がかかりすぎて、「効果はもうひとつだったかな」と思っています。

あと、今はどうか知りませんが、当時は、付録として、毎回、二十ページ強の小冊子が送られてきました。それは、英語の新聞や雑誌に載ったエッセイやコラムなどを集めたものであり、やや背伸びをした内容でした。Z会のほうでは、「受験生でも使えるかな」と思うものを選んでいたのでしょうが、それでも、何となく、不安感というか、「分からない」という感覚がずっと漂《ただよ》っていたのを覚えています。

4　文脈推理法の大切さ

前後の文脈から「言葉の意味」を推理していく

最終的に合点《がてん》がいったことは、「外国で発行されている英字新聞や英文雑誌などを読めるようになるためには、少なくとも、日本の全国紙の政治欄《らん》や経済欄、国際欄あたりを隅《すみ》から隅まで読み、その内容を理解できるぐらいの力がなければいけない。要するに、日本の新聞を読み、内容が分からないようであれば、英語で読んでも分からない」ということでした。

当時の私は、受験生ですから、やはり、それほど新聞を精読していたわけではありません。しかも、話題の内容が、日本経済新聞のような専門レベルになってくると、日本語であっても読めませんでした。もちろん、日経新聞をずっと読んでいるビジネスマンなら読めるでしょうが、実際、初めての人は、おそらく読めないと思います。

日経新聞に関しては、大学を卒業して商社に勤めたところ、みな読んでいたので、私も読み始めたのですが、それでも、やはり、最初の半年ぐらいは十分に分かりませんでした。

要するに、解説が書かれていませんからね。それに、日経新聞には、辞書を引いても出てこないような言葉が使われていて、分からない用語がたくさん出てくるため、いろいろな文章に、意味の分からない部分があるわけです。

ただ、分からないなりに半年ぐらい読んでいると、その間に同じ言葉が何回も繰《く》り返し出てくるので、いわゆる文脈推理法でもって、「こういうシチュエーションのときには、こういう言い方をする」というのが分かってきました。

これは、思い返してみると、小学校低学年のときの日本語の学習法と同じでしたね。

私は、小学校低学年のころ、両親の会話を聞いたり、テレビを見たりしているときに、分からない言葉が出てくると、一個一個、その意味を訊《き》いていましたが、あまりに訊くので、最後には「うるさい」と言われてしまいました。そこで、分からない言葉が出てきても、とにかく聴《き》くことにしたのです。

そうすると、分からない言葉が、シチュエーションや主語などを少しずつ変えながら繰り返し出てくるわけですが、「どういう話の流れのなかで、その言葉が使われているのだろうか」ということを推理していくと、辞書を引かなくても、その言葉の意味が、だいたい確定してくるわけです。

そういうことを、小学校低学年のときに経験したことを思い出し、「ああ、英語も同じなのだな」と思いました。

例えば、外国人が、朝日新聞や日経新聞を、辞書を片手に読んでいる姿を想像したら、かなり悲惨《ひさん》な光景が目に浮《う》かんできます。なぜなら、辞書を引いても、出てこない単語がたくさんあるはずだからです。

最近の言葉で言えば、「ドジョウ宰相《さいしょう》」が外国人に分かるでしょうか。辞書を引いても出てきませんね（笑）（会場笑）。「いったい何だろう?」と思うでしょう。「近いうち解散」を引いても出てきません（会場笑）。「これは、いったい何だ?」という感じになるでしょう。

これと同じようなことが、日本人が英字新聞や英文週刊誌を読んだときにも起きるわけです。

したがって、分からない言葉があっても、とにかく、読んだり聴いたりしていくことが大事です。前後の文脈から、「ここは、こういう意味でなければ成り立たない」というのが、だんだん見えてくるようになるでしょう。

その意味で、「分からないことに耐《た》える」ということが非常に大事ですね。

「分からない単語があっても、筋書きが追える」のも実力の一つ

この文脈推理法は、推理小説などを読むときにも使えます。推理小説は、「分からない単語があったとしても、一冊を読み、マクロとして筋書きを追えるかどうか」という実力を試《ため》すのに、よく使われますね。

確かに、英語の本を一冊読めば、分からない単語が出てくるでしょうが、「分からない単語があっても、筋書きが追える」というのは、やはり、一つの実力ではあります。

逆に、「ここを押《お》さえれば、筋書きを追える」という重要な部分が読めないタイプの人と、分からない単語が出てきたとたんに全然分からなくなるタイプの人は、残念ながら、そう簡単には一冊の本を読み切れないでしょう。

やはり、「一冊の本を読み切って、だいたい内容がつかめる」という能力は、それなりに大事なものですね。語学というものには、ある程度、こういうところがあると思います。

確かに、国語で考えてみても、私は、小学校時代、本を読むときに辞書を引いていましたし、中学一年生ぐらいでも、まだ辞書を少し引いていたような気がします。井上靖《いのうえやすし》などの本には難しい日本語が出てくるので、そのあたりの本については、辞書を引きながら読んだ記憶《きおく》がありますが、中学二年生以降では、そういう記憶があまりありません。

もちろん、学校の教科書や参考書、あるいは、テストに関係するようなものを勉強するときには、辞書を引いていたと思いますが、通常の読み物については、辞書を引かなくても、読めるようになっていったのです。

新聞に関しても、最初は難しかったのですが、読み続けるうちに、しだいに読めるようになっていきました。

確かに、日本の新聞を辞書を片手に読んでいる人は、あまり、いないでしょう。多少分からないところがあっても、みな読んでいます。たいていの人は、見出しと写真、最初のリードの部分を見て、興味・関心のあるところだけを読み、全体をつかんでいる感じでしょう。

まあ、読んでいるうちに、分かってくるところがあるわけですね。

私の場合は、大学に入ってすぐの三カ月間、中心的には四月、五月、六月だったと思いますが、朝日新聞の一ページ目から最後まで、とにかく全部読み通し、分からないところがないかどうかをチェックしたことを覚えています。だいたい、そのくらいの期間を越《こ》せば、新聞も分かるようになっていきました。

ただ、大学時代、分からない部分が最後まで残ったのは、国際欄のところです。国際欄だけは、少し理解できませんでした。要するに、外国の偉《えら》い人たちがいったい何者かがよく分からず、また、いったい何が問題になっているのかが分からなかったのです。

国際欄、あるいは国際経済にかかわる記事については、なかなか理解できない部分があり、実際上、これが分かるようになったのは、やはり、社会人になってからであったと思いますね。

5 「英語学習」の具体的なヒント

人より速く「精読」できると難関大学に受かるようになる

やはり、語学に関しては、学校の勉強として、精読的にキチッとやっていかなければ、ものにはならないと思います。

例えば、高校の英語の教科書を読むだけであれば、渡《わた》されたその日のうちに読み終わってしまいますが、実際、それでは勉強にはなりません。不思議なことに、教科書を一年間かけて精読し、内容を小さく分けて試験をやっていくと、できるようになるわけです。

その意味で、受験勉強は精読が中心ではありますが、ほかの人より少しだけ速く英語を読めなければいけません。「精読しなければいけないけれども、人より少しだけ速く読める」、これがポイントなんですよ。

これができるようになると、いわゆる難関大学に受かるようになります。

難関大学の入試問題は、国語でも英語でも社会でも、そうですが、文章が少し難しく、少し長いんですね。設問をじっくり読み、ゆっくり答えていたら、解答時間が切れるようになっているわけです。

つまり、「設問を見て、精読するところは精読し、サラッと読むところはサラッと読んで、時間内に書き終える」というテクニックを磨《みが》かないと、難関大学には受からないようになっています。この要領がつかめなかった人は、「受からないままで終わり」という結果になるでしょうね。

「ポイントを押《お》さえる技術」を身につけることも大切

「受験勉強の基本は精読だが、ほかの人より少し速く読めることが大事である」ということを述べました。

それから、「ポイントを押《お》さえる技術」を身につけることも大切です。

例えば、勉強のできる要領のいいタイプの人たちは、国語の試験問題を開くと、全体をパッと見て、課題文の傍線《ぼうせん》が引かれているところを中心にサーッと読み、それから、設問の説明を読み始めるようです。

私の学生時代の友人を見ても、「設問の答えは、だいたい、傍線の引いてある前後に書いてある」ということで、そのへんだけをじっくりと読んで、設問に答えようとしていました。そういう要領のいい人が、大学でも、まあまあの成績を取って、当時の人気省庁などに入っていたように思います。

ただ、要領だけで勉強した場合には、そのあたりの成功が限界かと思いますけれどもね。

「三百ページの英語の本」を読み切ると、その学力は一生衰《おとろ》えない

また、以前にも述べたことがありますが、「三百ページぐらいの英語の本を読み切ることができれば、その英語の学力は一生衰《おとろ》えない」と言われています。

これは、実際に、そのとおりです。私は、大学時代の春休みに一回実験してみましたが、それ以降、確かに、英語の学力が落ちないようになりました。

同じものを十回繰《く》り返し聴《き》くと、リスニング能力は上がる

もう一つ、リスニング系統の話もしておきましょう。

高校時代は、リスニングが十分にできませんでしたが、大学には、ありがたいことに、ＬＬ教室といって、「隣《となり》の席との間に仕切りがあり、ヘッドホンをかけて英語を聴《き》ける」というシステムが入っていたため、そこで、生まれて初めて、本格的なリスニングの勉強ができました。今では別に珍《めずら》しくも何ともないでしょうが、当時はまだ珍しいものでした。

そして、入学した四月時点と、一学期が終わった時点でのリスニング能力を比較《ひかく》して伸《の》び率を測ったところ、一学期の間だけでもグーッと伸びていたので、「頭のよし悪しではなく、訓練すれば、聴けるようになるんだ。リスニングは、やればできるようになる」ということが実感として分かりました。

その当時にリスニングを教えていた先生は、「ラジオの英語放送で構わないので、毎週、同じ番組をカセットテープに録《と》り、それを繰《く》り返し十回聴きなさい」と言っていました。そのころは、アルク（英語教材等の出版社）もまだ大きくなかった時代であり、今のように英語教材が豊富にはなかったのです。

そこで、私は〝騙《だま》された〟と思って、同じものを十回繰り返して聴いてみたんですよ。すると、本当に聴く力が上がりました。しかも、録音したものだけでなく、ほかの英語についても、聴く力が上がったのです。これには本当に驚《おどろ》きましたね。

リスニング訓練として日本語の歌を聴《き》き取る練習もした

そのころ、渡部昇一《わたなべしょういち》氏が『クオリティ・ライフの発想』という本を出したのですが、そのなかに、「外国に留学したとき、バスに乗って一緒《いっしょ》に歌を歌ったところ、歌詞を一番から三番まで全部暗記している学生がいたが、いずれも優《ゆう》秀《しゅう》な学生だった。暗記力と知力は比例している。歌詞を暗記することは頭によい」というようなことが書いてありました。

また、同氏の別の本には、「日本語でも、歌によっては、歌詞の聴《き》き取りにくいものがある」ということも書いてありました。そこで、私は、「ついでに日本語の歌のほうも聴き取ってみようか」と思い、これも実際にやってみました。

当時は、山口百恵《ももえ》の「秋桜《コスモス》」やピンク・レディーの歌などが流行《はや》っていたころですが、英会話を録音するついでに、そういう曲も録音し、歌詞を書き取れるかどうかやってみたのです。

すると、これが、けっこう書き取れないわけです。日本語でも意外に書き取れず、書いて「こうかな」と思って聴き直すと、実は違《ちが》うんですよね。

今の歌手は、発音がもっと雑になっているため、今やると、もっと難しいと思います。アクセントが変だったり、言葉を伸ばしたり、引っ込《こ》めたり、縮めたり、はしょったりするので、日本語であっても、歌詞を全部聴き取ることはできないでしょう。聴き取れる歌手もいますが、聴き取れない歌手もいるのです。

このように、日本語の歌を聴き取る練習も多少した覚えがあります。

英語の歌の場合も同じです。やはり、はっきり聴き取れる歌と、聴き取れない歌があるので、「そういうものだ」と思わなければいけません。なかには、聴き取れないような発音の仕方をしている歌もあるわけですね。

例えば、今朝、出てくる前、懐《なつ》かしのサイモン＆ガーファンクルの歌がかかっていたのですが、彼らのような歌であれば、歌詞を全部聴き取れます。しかし、なかには、聴き取れないような発音をしている歌手もいるので、ある程度、分からなくてもしかたありません。あるいは、「この歌手の場合は、何十パーセントぐらいしか聴き取れない」ということを見分ける力が要《い》るような気がします。

リスニングのほうは、今述べたような教育を受けて、ようやく追いついていきました。

スピーキング能力は、リスニング能力と比例して伸《の》びていく

また、スピーキングについては、学生時代、ほとんど訓練の機会がありませんでした。最終的には、商社に入り、ニューヨークに研修生として派遣《はけん》された

ことで、スピーキングが完成したと思います。

基本的に、リスニングの訓練をしていれば、それとだいたい比例して、スピーキングもできるようになっていくようです。

したがって、英語をしゃべるチャンスがない場合には、とにかく、英語を聴く時間を確保し続けることが大事です。そうすれば、スピーキングもできるようになるでしょう。いろいろな英語を聴いていれば、その場その場で、必要な言葉が出てくるようになるのです。

全部、聴き取れなくてもよいし、覚えられなくても構わないので、とにかく、いろいろな英語を聴いておくことが大事かと思いますね。

ちなみに、大学の教養学部（駒場《こまば》）時代、私は、語学がよくできて、同級生たちに教えてあげるほうでした。そして、一緒に勉強会などをしていた人たちのうち、外交官試験に受かった人が、六人ぐらいいます。

当時の外交官試験は、千人ぐらいが受けて、十数名しか受からなかったと思います。今では外交官試験もなくなり、国家公務員試験に一本化されていますけどね。

その十数名の合格者のうち、六名ぐらいが、私の周りから受かっていたのですが、その彼らより、私のほうが英語ができたのです。

ですから、当時、私は、「外交官の英語は、だいたい、このくらいのレベルだ」ということが分かっていましたし、「自分のレベルとそんなに変わらない。外交官試験を受ければ、自分も受かるだろうな」というような自信はありましたね。

6　ニューヨークでの「英語修行《しゅぎょう》」の日々

英会話学校に通わず、いきなりニューヨークへ

その後、私は、会社の研修生として、ニューヨークへ行きました。ニューヨーク研修生としては、私が六代目だったのですが、初代から五代目までの五人は、ニューヨークへ行く前に、当然、日本で最低三カ月間は英会話教室に通っていました。ところが、私の場合、英会話学校には通わせてもらえなかったのです。

実は、私が行く前の年、先輩《せんぱい》がニューヨークへ行くときに、私は、「え！

英会話学校に行かないとニューヨークへ行けないんですか」と言って、先輩をからかってしまったのですが、それを重役たちに目撃《もくげき》されたのが運の尽《つ》きでした。

あまり、人をバカにしてはいけませんね（笑）。あの一言は本当に命取りになりました。本当にいけないことです。みなさんも気をつけましょう。冗談《じょうだん》のつもりで言ったとしても、相手に通じないこともありますし、特に、他人が聞いている場では、冗談とは受け取りませんからね。

その先輩は、顔を真っ赤にして怒《おこ》っていましたが、そのあと、やはり、〝復《ふく》讐《しゅう》〟されました。みなさんも気をつけましょう。

ということで、初代から五代目までは、英会話学校に通ってからニューヨークに行ったのに、私のときには、いつまでたっても声が掛《か》かりませんでした。

「おかしいな」と思っていたら、「おまえは要《い》らないんだろう?」と言われたのです。それで、英会話学校なしで、そのまま行くことになり、「英会話学校に一度も通ったことのない男が、いきなり、ニューヨークで仕事をする」という悲惨《ひさん》なことになったわけです。

ベルリッツに入学して、わずか二週間で「レベル13」に到達《とうたつ》

最初、ホテル住まいをし、ホテルで洗濯《せんたく》物をしていた時期がいちばん悲惨でしたが、一週間たつと、何とか、時差ボケが取れて、感覚が戻《もど》ってきました。

そのあと、「ニューヨークのベルリッツに入《はい》れ」というので、週二回か三回かは忘れましたが、仕事の合間を縫《ぬ》って、一回二時間・全五十回の「百時間コース」に通いました。

ベルリッツに入ったときのテストでは、私は「レベル10」だったと思います。日本のベルリッツは、「レベル1」から「レベル10」までであり、「レベル10」が最高ですが、ニューヨークのベルリッツは、確か「レベル13」までありました。そして、私は「レベル10」で入り、二週間ぐらいで「レベル13」まで行ったように記憶《きおく》しています。

実を言うと、いちおう外国人向けの英会話テキストがあったのですが、講師のほうが、「このテキストは、あなたには易しすぎて合わない」と言って、あっという間に使わなくなってしまったのです。

その結果、二時間の授業が、フリーカンバセーション（自由会話）になりました。テキストがないため、その日のテーマを決めて自由に議論するわけです。そうすると、だんだん、内容の勝負になってくるので、「どちらが先生で、どちらが生徒かが分からない」というような状態になっていきました。

当時、私は、フォレストヒルズに住んでいて、マンハッタンの先端《せんたん》にある例の爆心地《ばくしんち》（ワールドトレードセンタービル）まで、五十分か五十五分か、そのくらいかけて通勤していましたが、その間《あいだ》に、「ニューヨーク・タイムズ」や「ウォールストリート・ジャーナル」などを読んでいました。これは、あのオバマさんの嫌《きら》いな「ウォールストリートに勤めているニューヨーカー」と変わらないレベルです。

要するに、現地の新聞を読めるレベルの人の場合、英会話学校へ行くと、教材のほうが〝落ちこぼれ〟てしまい、使えなくなるんですね。

そこで、テキストを使わず、フリートーキングになったのですが、今度は、講師の教養との戦いになってくるため、日本人用にシフトしている講師陣《じん》では教養が足りず、講師までが落ちこぼれていったわけです。

最後のほうでは、「とにかく時間を潰《つぶ》さなければいけない」ということで、卓球《たっきゅう》を始めるような講師もいました（会場笑）。ひどいものです。個室で授業をしているので、卓球をやってもバレないわけです。「卓球をしながらでも会話ができるか？」などと言うような講師もいましたね（笑）。

そうして百時間のコースが終わり、修了《しゅうりょう》証書を会社に持ち帰ったところ、「卒業した人は初めてだ」と、びっくりされたのですが、そう言われて、私のほうがびっくりしました。「会社がお金を出してくれている以上、卒業するのは当たり前ではないですか」と言うと、「実は、みな仕事が忙《いそが》しくて、通う時間をひねり出せず、途中《とちゅう》で〝沈没《ちんぼつ》〟して、行けなくなったんだ」と言われたのです。

「初めて卒業した」ということで、びっくりされましたが、びっくりしたのは私のほうです。お金が惜《お》しいですからね。きちんと卒業して、お金を回収しなければいけないのは、当然のことですよね。

ニューヨーク市立大学で、「アメリカ人向けのゼミ」に参加

また、私は、ニューヨーク市立大学大学院の国際金融《きんゆう》のゼミにも参加しました。いちおう面接を受けて通ったのですが、会社の人事部を通して手続きをしたため、私は、どこの大学の面接に行っているのかも知りませんでした。

「この時間に、ここへ行き、面接を受けてきなさい」と言われたため、「分かりました」と答えて面接を受け、「受かったから通うように」と言われて、「ああ、そうですか。分かりました」という感じだったのです。

実は、ニューヨークには大学が三つあるんですよ。私立のニューヨーク大学、ニューヨーク市立大学、ニューヨーク州立大学があり、私は、この三つの違《ちが》いが分からなかったのです（笑）。

ニューヨーク本社には、私以外にも、営業部門に研修生がいて、その人は、私立のニューヨーク大学の、外国人向けの語学コースに通っていました。

一方、私が通っていたのは、何年間か実務経験のあるウォールストリートの実務家が集まる「国際金融のゼミ」であり、アメリカ人の実務家向けの再トレーニングコースでした。「実は、それに参加していたらしい」ということを、帰国後、かなりあとになってから知ったのです。ゼミに通っていたとき、「なぜか外銀《がいぎん》のバンカー（銀行員）ばかりいるなあ」とは思っていたんですけどね（笑）。

そのゼミでは、みな、テープレコーダーで授業を録音していました。「おかしいなあ」と思ったのですが、要するに、講師がユダヤ人だったらしく、英語が訛《なま》っていて、アメリカ人でも聴《き》き取れなかったようなのです。つまり、その場だけではノートが取れないため、テープレコーダーで授業を録音し、それを家で聴き直しながら、ノートを完成させるわけです。

しかし、「アメリカ人が聴き取れない英語」というのは、ちょっと、お笑いですよね。私は、そうしたゼミに参加し、石のお地蔵さんのように我慢《がまん》して座っていたわけです。「非常に根性《こんじょう》があった」というか、「『分からない』ということに対して耐《た》える力があった」とでも言いましょうか。ただ、不全感は残りましたね。

7　英語を「使える」ようになるための秘訣《ひけつ》

努力して語彙《ごい》を増やさないと、英字新聞は読めない

このときに分かったことは、「アメリカに何年いても、英語がうまくなる部分と、絶対にうまくならない部分がある」ということです。

自然にうまくなる部分は、会話での「聴《き》く力」や「ナチュラルに話す力」などです。そういう部分は、長くいたら確実にうまくなります。

しかし、努力しないかぎり、できるようにならないものもあります。例えば、先ほど述べたように、英字新聞などは、「読めるようになろう」と努力しない

かぎり、十年住んでも二十年住んでも、読めないものは読めないままです。これは努力しなければ駄目《だめ》なのです。

外国に行って、英語を自由自在に使えるようになった人というのは、私が知っている範囲《はんい》内では、最初の半年ぐらいの間に、だいたい土曜日や日曜日を使って、英字紙等を精読していました。

もちろん、全部の記事を読むのは無理なので、とにかく、一面なら一面、経済欄《らん》なら経済欄というのを決め、その部分については、一生懸命《いっしょうけんめい》、辞書を引いて単語を調べながら読んでいくわけです。

それを半年ぐらい続けて、努力して読んだ人は、英語を「使える」ようになるのですが、その努力をしなかった人は、そこまではいかないで、「会話がうまくなった」という程度で日本に帰ることになります。そういうことが分かりました。

「その方法でうまくなる」ということは、「日本にいて勉強しても、できるようになる」ということです。日本でも英字紙は出ていますので、それを、同じようにやればいいいんですね。

全部を読むのは大変かもしれませんが、一ページ目なら一ページ目、経済欄なら経済欄、政治欄なら政治欄など、メインの範囲を決めて、そこだけを、分からないことがなくなるように、全部、辞書を引いて読んでいくわけです。

要するに、「そのようにして語彙《ごい》を増やさないかぎり、読めるようにはならない」ということです。これは確実に言えることです。

私が「経済英語」に強くなった理由

当時、ニューヨーク本社からは、毎月、日本へのレポートを出していて、そのカバーレターの巻頭論文を私が書いていました。

アメリカ経済について巻頭論文を書かなければいけないので、土日は、主として、ハサミと糊《のり》の勝負になることが多かったのです。例えば、一週間分の「ニューヨーク・タイムズ」や「ウォールストリート・ジャーナル」などのなかから読んだ記事を切り抜《ぬ》いてスクラップブックをつくっていました。

当然、赤線も引き、調べるものは調べて、そういうスクラップブックをつくりましたし、銀行関係の仕事が多かったので、いろいろな銀行や証券会社が英語で書いたレポートも読んでいました。毎月出てくるレポートを全部読まないと、やはり状況《じょうきょう》が分からないからです。「各社がどう分析《ぶんせき》しているか。今月や来月を、どう見ているか」というのを、ずーっと読み込《こ》み、その内容をまとめてカバーレターを書いていたのです。

上司からは、「おまえは、出すのが遅《おそ》い」と言われて、よく怒《おこ》られていました。「おまえのカバーレターがないと、日本にレポートを送れないのに、いつも一週間ぐらい遅《おく》れるではないか」と、いつも怒られていて、そのたびに、「すみません」と謝《あやま》っていたのです。

しかし、だいたい、翌月の三日か四日ぐらいにならないと前月の指標が出てこないので、それ以降でないと分析結果を出せないんですよ。それより早く出そうとしたら、前々月の資料になるので、最新の分析を出そうとしたら、どうしても三日以降になってしまうわけです。

それで、そのときだけは、「仕事が遅い」と怒られたのを覚えています。私は、情報が一カ月ずれるのが嫌《いや》なので、最新情報が出るまで粘《ねば》っていただけなんですけれどもね。

そのように、スクラップブックをつくったりして勉強していたのが、けっこう力になったのではないかと思っています。

これが、私自身が経済英語にかなり強くなった理由です。仕事に関係するようなものについては、読めるようになるのが早かったですね。

日本語で分からないものは、英語でも分からない

こうして、「ニューヨーク・タイムズ」などの経済欄だけは全部読めるようになったものの、ほかの記事については、読めない部分が残っていました。

次に、政治欄や外交欄など、そのあたりの記事が読めるようになっていきました。後ろのほうの趣味《しゅみ》の欄などには、相変わらず、よく分からないものがありましたが、もう気にしないことにしました。やはり、ある程度、範囲を絞《しぼ》らないと無理なのです。

これについては、日本語で話す場合でも、英語で話す場合でも、同じことが言えます。例えば、私が、「将棋《しょうぎ》については指《さ》せるので知っているけれども、チェスは指したことがないので知らない」ということになりますと、「日本語でチェスの説明をしてください」と言われてもできないわけです。でも、「将棋の説明をしてください」と言われたらできますよね。

英語でも一緒《いっしょ》で、その内容を知らないものについては、やはり説明ができないわけです。

そのように、最終的には、「内容を知っているかどうか」の勝負になってきます。そのジャンルの話題だけしか話が通じない人と、それ以外のジャンルでも通じる人との違《ちが》いはあるので、ある程度のブロックをつくり、まず、そのブロックについて、日本語で話題についていける程度の知識を持つことが大事です。

ですから、「『日本の政治』に関する記事について、日本語の新聞を読んで分からない人は、英字新聞を読んでも分からない」ということは言えます。

もちろん、必ずしも日本語で情報を取る必要はなく、英語のものを読んで情報を取っても構わないのですが、要するに、自分に知識がないものについては、話すことも聞くこともできません。

その意味で、自分の限界を知り、分かる範囲を少しずつ少しずつ広げていく努力が大事ですね。

例えば、「今年は、経済欄を少し読めるようにしよう」「今年は、もう少し政治欄が読めるようにしよう」「今年は、農業に関する記事を少し読めるようにしよう」というように、少しずつ関心を広げていくとよいでしょう。日本語でも英語でも、両方で関心を広げていくことで、話題は増えていきます。

自分の専門以外のジャンルについて勉強する早道とは

そのあとは、自分の専門以外のジャンルについて、継続《けいぞく》的な勉強をしていくことです。大学などで何らかの専門を持っている人は、その学問のジャンルについては詳《くわ》しいかもしれませんが、それ以外のジャンルについては無知であることが多いと思います。しかし、新聞や雑誌等には、いろいろな情報がたくさん出てきますので、大学卒業後、勉強を続けるかどうかが大事になってくるわけです。

卒業後に、自分の専攻《せんこう》したジャンル以外のものを勉強する早道は、日本語であれば、まずは、新書の類《たぐい》を読むことです。それを何冊か読んだら、次に、少し易しめの専門書を何冊か読んでいくようにします。そうすると、だいたい内容が分かってくるようになりますね。

あまり背伸《せの》びをしないで、そのあたりから入っていくことが大事だと思います。入門書的なものをバカにせず、まずは入門書を読んで、ある程度、知識を固めてから、専門家が書いたものを読んでいくようにするのです。

そうすると、新聞でも雑誌でも、それについて書いてあることが、読んで分かるようになってきます。そういうことが言えると思いますね。

私の場合、会社時代には、先ほど述べたような実用的な英語をだいぶやりましたし、強みとしては、いわゆる商業英語、貿易英語のようなものもやりました。つまり、貿易等に関する契約《けいやく》の文章などは、自分で書けるわけです。「書ける」というか、「タイプライターで文章を打てる」ということですね。これは、英語としては、少し別のジャンルのもので、やはり、それなりに独特の語彙や書式があります。そういうものもやりました。

その後、日本に帰ってきてからは、宗教の勉強などを日本語でだいぶやりました。

日本人であれば、日本語で学べる教養については、先に得ておいたほうがよいと思います。そして、ある程度、知識を得たら、英語でも少しずつチャレンジしていくわけですね。

8 大切にすべきは「知的正直さ」

「タイム」「ニューズウィーク」は、英文学者にとっても難しい

前述した「タイム」や「ニューズウィーク」について言えば、「ニューズウィーク」は日本語版が出ているので分かりやすいと思いますが、もともとの英語版でも、「タイム」より「ニューズウィーク」のほうが少し易しめです。

私は二十代のときに、渡部昇一《わたなべしょういち》氏が「タイム」や「ニューズウィーク」について述べているものを読んだことがあります。

彼は、上智《じょうち》大学の修士課程を出たあと、ドイツに二年間、それから、イギリ

スに一年間、留学しています。ドイツでは、「英文法の成立史」についてドイツ語で本を書き、「天才」と言われるほどの高い評価を受けました。

そのように、渡部氏は、三百ページぐらいの本をドイツ語で書いて出版したほどの方ですが、その人が日本に帰国後、上智大学の講師になって英文科で教えている、三十歳《さい》ぐらいのときに、「普通《ふつう》の英語の本なら読めるのに、『タイム』や『ニューズウィーク』は、なぜか、難しくて読めない。それが残念で悔《くや》しい」と、正直に書いていたのです。

そこで、彼は、とりあえず、「タイム」なら「タイム」の表紙を破り、その号のなかから自分に関心のある記事やコラムを一カ所だけ切り取って、それを持って喫茶店《きっさてん》に行き、「コーヒーやケーキを付ける」というご褒美《ほうび》をぶら下げて、その記事なりコラムなりを読み抜《ぬ》く練習をしたそうです。

「ご褒美をつけないと、やらなくなって、毎週、たまっていくから」ということでした。彼は、もちろん単語帳もつくっていたらしいのですが、きちんと精読したら、「タイム」の表紙の裏にその記事を貼《は》り、表紙一枚だけを、ずっとためていったとのことです。

私は、その文章を読んで、「ああ、ドイツ留学中に、英文法の成立史をドイツ語で書いて出版し、ロンドンにも留学して帰ってきた英語の先生が、三十歳ぐらいになっても、まだ、『タイム』や『ニューズウィーク』がスラスラとは読めないのだ」ということが分かりました。

この人は、実に正直です。ほかの英文学者で、そんなことを書いている人はいなかったので、実に正直だと思います。彼の文章を読んで、「タイム」や「ニューズウィーク」の難度が、やっと私にも分かったのです。

彼は、「『タイム』などの語彙《ごい》は、十万語を超《こ》えている」と言うんですね。そのため、実際上、「タイム」は、欧米《おうべい》や、いろいろな国に流通しているけれども、本当に読めている人は、全世界で二十万人いるかどうか分からないぐらいなのだそうです。そんなに簡単には読めないものなんですね。

サイエンス記事以外は読めなかった地球物理学者

それから、渡部昇一さんがファンであったらしい地球物理学者の竹内均《たけうちひとし》氏も、同じようなことを述べていました。

彼は、受験参考書などを書いたり、英語の本を日本語に翻訳《ほんやく》したりして、本を数多く出しています。忙《いそが》しい人なので、十五分単位で仕事をしていたそうですが、英語の本については、口述《こうじゅつ》で翻訳していたようですね。

例えば、英語の本を和訳する場合、マイクを持って十五分ぐらい日本語訳を吹《ふ》き込《こ》み、それを秘書がテープ起こしをして翻訳書をつくるというかたちで、かなりの冊数を出しています。

ただ、こうした翻訳ができるような人でも、「実は、『タイム』や『ニューズウィーク』も、自分の専門分野であるサイエンスの記事は読めるけれども、それ以外のページは読めない」と、正直に書いていました。

東大教授が、「読めない」と書いていたのを見て、「やはり、そのレベルの難度があるのだ」ということが分かりました。

これが、「知的正直さ」ということです。「どこまで分かっていて、どこからが分からないのか」を知っていることが大事だと思います。知っていることを増やしていかないかぎり、知識は増えないのです。

9　とにかく「語彙《ごい》」を増やそう

「文法」と「構文」をマスターしたら、あとは「語彙《ごい》」を増やすだけ

今、私は、いろいろな英語教材をつくっていますが、基本的には、学校で学ぶような文法は、きちんとマスターしなければいけません。

専門別の英語も、あることはあるのですが、とりあえずは、基本的な文法を学び、それとかなりパラレルになりますが、さまざまな基本構文をマスターすることですね。つまり、いろいろな英文のつくり方のパターンを、ある程度、頭に入れて、覚えてしまわなければいけないわけです。

そのあとは、やはり、ボキャビル（vocabulary《ボキャブラリー》 building《ビルディング》の略）、要するに、語彙《ごい》を増やす努力ですね。これは、努力以外に道がありません。あの手この手で、とにかく語彙を増やす以外にないんですよ。

英語の基本的な文法を知っていて、構文をつくれる力があったならば、あとは、語彙を増やすことで、どんな話でもできるようになるのです。

そのため、私は、語彙を増やすために、いろいろなかたちで数多くの本をつくっているわけです。

例えば、会話の際に、的確な言葉を出せなくても、類義語を知っていれば、それで代替《だいたい》して話すことができますよね。

このように、「単語や熟語等を知っている」ということは非常に大きいことなので、少しでも多く知っていたほうがよいのです。

日本での質疑応答の経験が生きた「アジア・ミッション」

私は、「アジア・ミッション」などと銘打《めいう》ち、アジア各国で偉《えら》そうに英語で説法《せっぽう》をしていますが、現地の人たちの英語も、ものすごく〝曲がりまくっている〟のです（笑）。説法でこちらが話すだけなら、日本人英語というか、「ジャパニーズ・イングリッシュ」で我慢《がまん》してもらえばいいのですが、質疑応答になると、向こうはジャパニーズ・イングリッシュでは質問してくれません。「インド・イングリッシュ」や、「スリランカ・イングリッシュ」、それから、「フィリピン・イングリッシュ」、シンガポールの「シングリッシュ」、「香港《ホンコン》イングリッシュ」など、もう、怪《あや》しげな現地訛《なま》りの英語で訊《き》いてくるわけです。

全部を聴《き》き取れる場合もありますが、はっきり言って、質問のなかには聴き取れないものもあります。それでも、プロとしては、質問に答えなければなりません。

もっとも、日本語の質問であっても、実際には聴き取れないものもあります。例えば、東京正心館《しょうしんかん》（幸福の科学の研修施設《しせつ》）等で質疑応答をしても、質問者が何を訊いているのかが分からないことがあります（会場笑）。そう感じるのは私だけでなく、会場にいる人たちも、おそらく、「いったい何を質問しているのだろうか」と思っていることでしょう。

ですから、英語でも日本語でも同じです。英語で質問していて、何を言っているか分からない場合、「本人も何を訊きたいのかが分からず、周りの人も分からない」という場合もあるんですね。

日本語でも、的確な質問をしてくれればよく分かりますが、何を言っているのか、質問の内容を理解するのが大変な場合がけっこうあるので、そういう経験を日本語でも積んできた「プロとしての熟練の部分」が、英語の場合にも効くわけです。

つまり、相手が言っていることの要点を整理し、「要するに、これに答えておけば、だいたい満足するかな」と思うあたりのところに絞《しぼ》らなければいけません。質問自体が絞れていないことが多いですし、訛りがあって全部を聴き取れないことがあるので、特に、キーになる単語を聴き落とさないようにしなければいけないんですね。

気の利《き》いた英語表現を書き抜《ぬ》き、「語彙《ごい》集」にまとめている

そういうキーになる単語を、私のつくった語彙《ごい》ブックスで学んでいけばよい

のです。例えば、『ビジネス・エリートのための英単熟語集』とか、『黒帯英語への道』とか、いろいろなまとめ方をしています。

これらは、新聞から取ったり、ＣＮＮの見出しから取ったり、英会話の内容から取ったりしてつくっています。

また、英語の映画を観《み》ていて、気の利《き》いた文句があったら、ちょっと大きめの付箋《ふせん》にメモを取っておきます。

映画館では、真っ暗なのでメモは取れませんが、自宅で映画等のＤＶＤを観ているときに、気の利いた英語を話していたら、「おっ！　面白《おもしろ》いな」と思う

『ビジネス・エリートのための英単熟語集①〜⑩』

『黒帯英語への道①〜⑥』

（共に宗教法人幸福の科学刊）

ものをパッと書き抜《ぬ》きます。あるいは、アメリカの連続テレビドラマなどを観ていて、面白い表現があったら、パッと書き抜きます。

そういうものをためていくと、毎月、一、二冊分の語彙ブックスができてくるわけです。まあ、自分の関心のあるところが中心ですけれどもね。

語彙集には、いろいろなかたちのものを入れてありますが、それは、ワンパターンにすると、最後まで行き着かない人がいるからです。それで、ときどき易しいものなどを入れながら、つくっているわけです。

要するに、語彙を増やしていただきたいのです。例文を付けてあるものも数多くありますが、これは、「会話では、どのように使うか」という例を入れているわけです。これを丸暗記するのは、それほど簡単ではないと思いますが、繰《く》り返し目を通しているだけでも力がついてくるだろうと思います。

「英語のバラエティ番組」などは意外に手強《てごわ》い

私は、アメリカに行って十カ月ぐらいで、英語のほうは、仕事でほぼ不自由がない状態になりました。外部の人と会って話をしたり、電話で話したりしても、不自由がなく、英語の発音も、リエゾンする（前の言葉と次の言葉とをつなげて発音する）ような感じで話せるようになっていました。

ちなみに、アメリカに行って一カ月ぐらいしたとき、電話で話をすると、私はインド人とよく間違《まちが》われました。日本人とは思われず、「あなたはインド人か」と、何度も言われたのです。

インドも立派に発展している国なので、別に文句はありませんけれども、「インド人か」と言われるということは、私が、「英語を使っている国民ではあろうけれども、純粋《じゅんすい》なアメリカ人ではあるまい」というあたりの英語を話していたのだろうと推定されます。ただ、どの発音がインド人と似ていたのかは、よく分かりません。

そのように、「日本人か」とは言われなくて、「インド人か」とよく訊かれたことを覚えています。

十カ月ぐらいすると、仕事上ではほとんど不自由がなくなって、「話しても通じるし、文章も書ける」という感じだったのですが、ただ、家へ帰ってテレビを観ると、番組によっては、やはり分からないものがけっこうありました。意外に、バラエティ番組などが手強《てごわ》かったですね。それは、アメリカの普通《ふつう》の生活を知っている人でないと分からない部分があるからです。

特に、「お笑い」などが入る番組は、「なぜ、これがおかしいのか」ということが、すぐには分からない。でも、向こうの人にも分からない人は多いらしく、番組のなかに、わざわざ笑い声を入れるんですよね。「ここで笑いなさい」ということを、テレビ局が教えているわけです。

日本では、もう、そういうことはあまりやらなくなりましたが、笑い声を入れて、笑う場所を教えてくれているので、やはり分からない人がだいぶいるんだろうと思います。

そのように、テレビなどを観ると、「まだ、分からない部分がだいぶあるな」と思いました。

際《きわ》どい言葉やスラングなどは、知っていても使わないように

今でも、アメリカで評判になった連続テレビドラマ等は、引き続き、よく観

ていますが、やはり、ああいうものを観ていると、かなり多角的な表現ができるようになります。

しかし、際《きわ》どい言葉が数多く出てくるので、単語集などには少し取り入れにくいですね。実際に使うと恥《はじ》をかく場合があるので、よく出てくる言葉でも、残念ながら活字にはできないものもありますが、私は知っていないと困るので、いちおうは覚えています。

特に、向こうの小学生や中学生、高校生あたりが使っている英語には、そのまま覚えてはいけないものがだいぶあります。それを使うと喧嘩《けんか》になる恐《おそ》れがあるので、載《の》せられないものはかなりあるんですね。

ただ、聴いて分かるぐらいになることは大事かと思います。

スラングに関しては、実際に、スラングだけで辞書ができるぐらいの量があるので、それを聴いて、多少、意味が分かる程度でよいでしょう。「自分がバカにされていることが分からない」というのは寂《さみ》しいので、そのくらいが分かる程度になるのは結構ですが、自分が話すときには使わないほうがいいと思いますね。そのへんは、外人のまねをして話さなくても構わないと思います。

10 英語のままに考え、聴《き》き、話す

予備校の看板講師になった人よりも英語がよくできた東大時代

幸福の科学の英語教育は、まだまだ実験中ではありますが、とりあえず、「お金を頂ける仕事ができるぐらいまでにはなった」ということです。やや、

『類語動詞使い分けメソッド』
（宗教法人幸福の科学刊）

“無《む》免許《めんきょ》営業”をしているように思われる節《ふし》があるのかもしれませんが、私は、「自分が勉強してきた跡筋《あとすじ》が、みなさんのお役に立てばよい」と思って、いろいろな単語や熟語、文法などをまとめ、参考書や問題集をつくっているのです。

例えば、『類語動詞使い分けメソッド』という本などになってくると、かなり学者に近づくぐらいのレベルに来ていますが、ほかにも、表現の使い分けに踏《ふ》み込《こ》んだ本を出したり、冠詞《かんし》についての本を出したりしています。さらに、今はまだ製本されていませんが、名詞表現を中心にした会話の本なども準備しており、一般《いっぱん》的な内容だけでは入り切らない特《とく》殊《しゅ》なものもつくり始めています。

英語自体ができる人は大勢いるのですが、「実際に、英語を使って相手に通じさせ、お金をもらってプロとして通用するレベル」ということになりますと、数はかなり少なくなります。

ただ、そういうプレッシャーをかけられると、やはり、無理にでも勉強せざるをえなくなります。さらに、自分で勉強を続けなければ、すぐに学力が落ちてきます。そのため、みなさんに分かるような教材をつくりつつ、自分自身も勉強を続けているというのが現状なのです。

多少、頼《たよ》りないように思われるかもしれませんが、私がつくった教材を勉強していれば、英語ができるようになることは確実です。ほかの人がつくったものとは少し違《ちが》うはずなのです。

今、受験などでは、予備校の先生あたりのほうが人気があるのでしょうが、例えば、某《ぼう》大手予備校の英語科の「東大コース」を専門にしている看板英語講師は、私の大学時代の同級生です。

彼は文学部でしたが、「司法試験を受けたいから、勉強会に入れてほしい」と言って、無理やり押《お》し込んできたのです。そうして、法律の勉強を一緒《いっしょ》にやったことがあります。

しかし、英語については、その某予備校のトップ講師になった人よりも、私のほうがよくできたので、私は自信を持っているんですよ。その人が、「東大英語コース」などと書いているのを見ると、「彼が書けるのなら、私も書けるかもしれない」という感じを持っています。

英語の実力はあるが、ディベート向きでないのが日本人の弱点

まだまだ努力中ですが、幸福の科学の伝道は、アジア・アフリカ圏《けん》ぐらいはいけそうです。次の狙《ねら》いとしては、やはり、「アメリカやヨーロッパ等のプライドの高い上流階級の人たちに伝道できるところまでいく」ということです。そのあたりが勝負どころだと考えています。

「日本人は、中国人や韓国《かんこく》人よりも英語が下手」ということは、基本的にありません。本当は、日本人にも英語の実力はあるのですが、性格的に、あまりディベート向きではないところが大きく影響《えいきょう》して、自分の考えを明確に打ち出すことができないわけです。日本人は、そういうところが弱いんですね。

例えば、二〇一二年八月、韓国の大統領が、「日本の天皇陛下が、何か分からないことを言って帰るのであれば、来なくて結構だ」というようなことを語りました。その発言に怒《おこ》った日本人は大勢いますが、日本語自体に、そういう不明瞭《ふめいりょう》さがあるわけです。

今の首相にも、そういうところがあります。国際舞台《ぶたい》で、明確に相手を非難することも、名前を挙げることもできず、日本流で遠回しに言っていますが、それでは通じないところがあるのです。

一方、韓国人や中国人の場合、相手を攻撃《こうげき》するときには、明確に、言いたいことをはっきり言うので、分かりやすく、通じやすくなっている面はあります。

つまり、英語の場合は、もう少し結論をはっきり出していくような話し方をしなければいけないわけですね。

日本語と英語には「思考経路」に違《ちが》いがある

今、私の日本語の書籍《しょせき》は、国際本部のほうで英訳をしてくれているのでありがたいのですが、英語にすると、やはり、少し違《ちが》う点が目につきます。

つまり、「日本語だから、こういう言い方をしたけれども、自分が英語で言うとしたら、こういう言い方はしない」と思う英訳がそうとうあるので、現地の人には読みにくいところもあるでしょう。ただ、日本語と英語とでは、そもそも発想が違いますからね。

ですから、日本語をそのまま英語に訳したら通じるかと言えば、そうではありません。「英語で言うとしたら、こういう表現の仕方はしないで、別の言い方をする」というものがあるのです。

例えば、この前、私はトクマさんと対談をしましたが（『ジョーズに勝った尖閣男《せんかくおとこ》』〔幸福の科学出版刊〕参照）、前の日に、遊び心で、「ENDLESS LOVE《エンドレスラブ》 FOR TOKYO《フォートーキョー》」という曲の詞を書きました。元の歌詞は英語で書いて、それを私が日本語に訳し、日本語の歌詞を書いたのです。

したがって、元は英語の歌であり、彼はアメリカに行っていたことがあるというので、英語でいけるのかと思ったら、やはり、英語で全部は歌えないらしく、自分で日本語のなかに英語を少し混ぜて歌っているようです。全部を英語で歌うのはきついのでしょう。

この「ENDLESS LOVE FOR TOKYO」という題は、そのまま訳せば、「限りない東京への愛」というぐらいの意味になりますが、私は、「東京、わが愛」という和訳を付けています。直訳とは違いますが、自分の感覚では、こうなるんですね。英語で題を書いた本人が日本語に訳すと、そのように変わる部分があるわけです。

つまり、「日本語と英語には、思考経路の違いがある」ということです。

最終的には「英語回路」を通すかたちにもっていこう

私は、今、「日本語も使いながら教養をつけつつ、英語を学んだほうがよい」と述べていますが、最終的には、やはり、「英語のまま、英語の頭で考え、聴《き》き、話す」という、英語回路を通すかたちにもっていったほうがよいと思います。

目安の一つとしては、「英語で夢を見るのが最初の段階だ」と言われていますが、いずれにせよ、「英語で考えて、話すほうがよい」ということですね。

日本国内の英検で残念なのは、まだ、英文和訳や和文英訳といった具合に、日本語と英語の間を行ったり来たりするような、受験英語などと〝親戚《しんせき》〟のようなところがあることです。残念ながら、英語回路のままでやるには物足りない部分があるのです。

だから、帰国子女でも、英検一級に通らない人は多いと思いますが、完全に英語回路になっている場合には、逆に、日本語に置き換《か》えることが難しくなるので、それは、ある程度、あきらめてもよいかもしれません。英語がきちんと通じるのであれば、それで結構だと思います。

最終的には、英語のままで聴いて分かるようになったほうがいいし、新聞やテレビを見て、全体がパッと分かるような感じになっていくことが望ましいと思います。

以上、簡単ですが、「英語が開く『人生論』『仕事論』」について述べました。

第2章

英語が開く「人生論」「仕事論」

〔質疑応答〕

二〇一二年十一月二十日　収録
東京都・幸福の科学総合本部にて

1 英語学習に対する抵抗《ていこう》感を取り去るには

【質問】今後、国際人材として、特に海外伝道の場面において、説得力を持ち、ディベート（討論）やネゴシエーション（交渉《こうしょう》）ができる人になりたいと思います。

しかし、海外にいるときには、英語の勉強に取り組みやすいのですが、日本にいると、どうしても拒否《きょひ》感や抵抗《ていこう》感が出てきてしまいます。そういうものを取り去って、本当に英語を取り入れていくための勉強方法をお教えください。

「日本語では入手できない情報」を取り続ける努力を

基本的に、日本語では入手できない情報に関心を持ち、それを取り続けるとよいと思います。

特に、国際ニュースについて、日本のマスコミは駄目《だめ》なので、そういう情報を取ることは、学力維持《いじ》にも役立つのではないでしょうか。

やはり、ＣＮＮ（アメリカのケーブルニュースネットワーク）やＢＢＣ（英国放送協会）には、日本のテレビ局が絶対に敵《かな》わない部分がありますね。

例えば、今、シリアの内戦や、イスラエルのガザ地区への攻撃《こうげき》などが、大変な国際的問題になっているわけですが、それらは、ＣＮＮやＢＢＣを見れば分かるのです。しかし、日本の記者は取材に行かないため、きちんと報道されません。確かに、部下に、「死ね」と言うわけにはいかないのでしょうが、やはり、あそこまで命懸《いのちが》けで報道してくれると助かりますよね。

また、日本では、「ローカルニュースが多い」ということが難点ですので、やはり、意識して国際的なニュースに目を向けないといけません。

短時間でもよいので、国際的な流れを追うことです。例えば、野田《のだ》首相と、自民党の安倍《あべ》総裁の喧嘩《けんか》だけを追いかけていたら、だんだん、頭が悪くなっていきます。やはり、国際情勢を分析《ぶんせき》していくことが大切です。

ＣＮＮの報道から情報を読み取る工夫《くふう》

今朝のＣＮＮでは、オバマ大統領のミャンマー訪問を報道していましたが、その際、アウンサンスーチー氏が、車から降りたオバマ大統領を出迎《でむか》え、二人で話しながら歩いているところが放映されました。これは、日本の首相ではありえないシーンです。

スーチー氏は、イギリス人と結婚《けっこん》していたので、半分、イギリス人と言ってもよく、イギリス英語を話すのでしょう。そういうところに、少し違《ちが》いがあることなどを観察したらよいのです。

また、オバマ大統領がミャンマーに入った理由は、ヒラリー・クリントン氏の仕事の続きをしているわけですね。そういうところを見なければいけません。

今、中国とアメリカは、東南アジアを舞台《ぶたい》に、「この先、どうするか」を、碁《ご》の黒石と白石を打ち合うように駆《か》け引きをしている状態です。「中国がカンボジアに〝石〟を打てば、アメリカはミャンマーに打つ」というような感じで対抗《たいこう》していますよね。

国際ニュースを見ていると、そういうことがよく分かるのです。

「英字新聞の見出しだけを読む」という方法

そのほかの情報源として、英字新聞等がありますが、英字新聞は、第一面の見出しからして、日本の新聞とは全然違います。

渡部昇一《わたなべしょういち》氏は、「見出しだけでもいいから、英字新聞を見たほうがよい」と述べていますが、そういう努力も必要かもしれません。

洋画や海外ドラマで、楽しみながら学ぶ

あとは、エンターテインメント（娯楽《ごらく》）の要素がないと続かない面もありますので、できるだけ洋画を（もちろん吹《ふ》き替《か》えなしで）観《み》るとよいでしょう。

私は、洋画のほか、家で観るドラマについても、英語のものを観るようにしています。日本のドラマは、情報見積もりさえできればよいので、エンターテインメントものは英語で観ることのほうが多いのです。

そのようにして、継続《けいぞく》する工夫《くふう》が大事であると思います。

また、海外のエンターテインメントものは、日本のものとはつくりが違うため、それを観ていると、「常識のありかが違う」ということが分かります。宗教や超《ちょう》自然現象、スーパーナチュラルの世界についての捉《とら》え方がかなり違っていて、なかには、「こんなものがヒットするのか」というものがあります。「日本ではヒットしないようなものが、海外ではヒットすることがある」という現実を知っておいたほうがよいでしょう。

邦訳《ほうやく》がない場合は「英語の本」で情報を取る

このように、国際情勢についての情報を仕入れたり、エンターテインメントものを観たりして、外国の教養を身につけていくことが大切です。余力があれば、英語の本なども読むとよいでしょう。

ただ、現在、私は、日本語の本を読むのに忙《いそが》しく、なかなか、英語の本が読めないでいます。日本語の本であれば、昔は、時速六百ページぐらいで読んでいましたし、今では、時速四千ページぐらいで読めるのですが、それに比べると、英語の本を読む速度は、どうしても遅《おそ》くなるため、後回しになるのです。

もう少し、仕事が暇《ひま》になり、半隠居《いんきょ》ぐらいになってきたら、英語の本を中心に読みたいと思っています。

やはり、英語の本の場合、日本人が、日本語の本を読む速度よりは速く読めますが、自分で日本語の本を読むような速度では読めません。今は、まだ、多くの情報を集めなくてはいけませんし、教養がないことには仕事ができないので、いろいろなジャンルに網《あみ》を張っています。それで、時間が短縮できるほうを取っているわけです。ただ、邦訳《ほうやく》がないものについては、英語で情報を取るようにしています。

以上、努力の気持ちと、遊びの部分を持って、英語の情報入手を継続することが大事であると思います。

2 国際伝道師になるための「宗教英語」の学び方

【質問】「宗教英語」について質問させていただきます。

今、『聖書』を英語で読むことを日課にしていますが、言葉が大胆《だいたん》に省略されていたり、格調の高い表現が使われたりしているため、正直なところ、二割程度しか分かりません。

将来、欧米《おうべい》で通用する国際伝道師になるために、英語で『聖書』を読む際の注意点や、宗教英語の力をつけていくための方法をお教えください。

宗教英語を学ぶ前に「一般《いっぱん》英語の学力」を上げる必要がある

これは、もっともな質問ですね。

私のつくった英語教材は、すでに百冊以上になっていますけれども、必ずしも宗教英語が中心ではなく、いわゆる一般《いっぱん》的な英語に関するものが多くなっています。それは、ある程度まで英語力そのものを上げないことには、話にならないからなのです。

「宗教英語だけは覚えています」と言っても、やはり、伝道する相手は人間ですから、宗教に限らず、いろいろな話が出てきます。したがって、宗教英語だけでは通用しないことがあるのです。

やはり、ある程度、一般英語の学力を上げたうえで、専門職としての宗教英語を上乗せしなければ、伝道師として十分ではないでしょう。

宗教についてだけ話ができたとしても、普通《ふつう》の会話もできないのでは、〝お客さん〟が来てくれないんですよ。ですから、普通の英語のレベルはクリアする必要があります。

ある程度、普通の英語ができる、あるいは、国際的な仕事ができるぐらいまでレベルを上げ、その上に、宗教の専門的な用語を英語で説明できる力を積んでおくと、いろいろな人と話したり、組織を大きくしたりする活動ができるようになるのです。そのため、ある程度のレベルまで英語力が上がるように、一般英語の教材をつくっているわけですね。

安心して仕事を任せられるレベルは「TOEIC《トーイック》九〇〇点超《ちょう》」

できれば、TOEIC《トーイック》九〇〇点を超《こ》えるところまで頑張《がんば》る気持ちを持ってほしいのです。八〇〇点台でもよいのですけれども、実際に、私が海外に巡錫《じゅんしゃく》する際に随行《ずいこう》させる人などの場合、九〇〇点を超えるレベルであれば安心して使えるのですが、もう少し低い人になると、さまざまな場面で、やや足りない部分が出てくるのです。

そのため、できれば、仕事を任せられる九〇〇点ぐらいまでレベルを上げてくだされればありがたいですね。

ただ、そのレベルには、それほど簡単に到達《とうたつ》できるものではありません。普通は、留学などを経験しなければ、なかなかそこまでは行かないのです。国内だけで学習する場合には、そうとうの時間を割《さ》かないと難しいでしょう。できたら、いわゆる普通の英語で、そのくらいのレベルまでは上げてほしいと思いますね。

宗教英語のテキストについては、今、少しずつつくっている状況《じょうきょう》です。私のところには、まだ出していない原稿《げんこう》が積み上がっているのですが、あまり一度に出すと、みなさんが読めないため、〝賢《かしこ》い人〟が、少しずつ間を置いて、日程をずらしながら印刷しているようです。そのようなわけで、これから、少しずつ出していきます。

今後、「ここまで基礎《きそ》学力があればできる」というところが見えてきたら、宗教英語についても本格的に取り組むつもりです。

翻訳《ほんやく》された『聖書』の言葉は霊的《れいてき》バイブレーションが落ちている

さて、『聖書』についてのご質問がありましたけれども、イエスは、実際に、『聖書』に書かれた英語で語ったわけではありません。古代アラム語で語ったものが、ギリシャ語に翻訳《ほんやく》され、それがラテン語になったり、ドイツ語になったり、英語になったりしたものなのです。

また、新しい英語訳は、古英語からいろいろと直しが入っており、少しずつ改訂《かいてい》されてきているため、バイブレーションの落ちているものがかなりあると思います。

むしろ、私が英語で話しているもののほうが、霊的《れいてき》なバイブレーションが入っています。英米人が使わないような英語を使う場合があるのです。それは、難しい英語ではありません。難しい言葉では感動しないのですが、英語における〝大和言葉《やまと》〟に近い、心に染《し》みてくるような言葉や言い回しを使って語るので、感動するのです。彼らの胸に来る言葉というものがあるんですね。

そのあたりのことを分かるかどうかの部分が大きいかと思います。

ただ、日本においても、海外通の人などには、「外国人と家庭レベルで交流するところまで行くためには、『聖書』ぐらいは読んでおけ」と言う人もいますので、英語の『聖書』を読むこと自体は悪いことではありません。

現代のカリスマ宗教指導者の英語にはバイブレーションがある

古英語については、残念ながら、あまり通じない部分がありますし、霊的バイブレーションがそのまま残っているかどうかには微妙《びみょう》なところがあります。

その意味では、現代のキリスト教の宣教師で、ある程度、人気を博《はく》している人の英語説法《せっぽう》を聴《き》いたほうが、そのバイブレーションのところは勉強になりますね。例えば、ノーマン・ビンセント・ピールやロバート・シュラーなど、ある程度、カリスマ的な宗教指導者の英語には、バイブレーションがあります。あとは、メガチャーチなどで説教している人にも、多少、バイブレーションのある英語を話す人もいるので、そういうものを聴いたほうがよいかもしれませんね。

『聖書』は勉強されてもよいとは思いますけれども、現代的には、そうしたものを勉強したほうが、宗教的な英語を話しやすいかもしれません。

現代語訳より文語訳『聖書』のほうが格調が高い

日本語の『聖書』についても、文語体で翻訳した『聖書』のほうが、霊的バイブレーションがあります。

今の日本の『聖書』は、日本キリスト教会あたりが責任を持って翻訳しているのかどうかは知りませんが、現代日本語に訳し直した『聖書』には、バイブレーションがほとんどなく、あれでは少し厳しいですね。バイブレーションを消してしまっているんですよね。

文語体で『聖書』を翻訳した昔の人のほうが、ある意味で、宗教を知っていたのかもしれません。おそらく、その文語体で訳した人たちは、本書第1章の冒頭《ぼうとう》で述べた、漢文・漢詩等の教養があった時代の人だと思うのです。漢文や漢詩は文学ですので、そういう教養を積んだ人が英語訳をした場合には格調の高い日本文として書けたわけですね。

ところが、今の訳は、残念ながら、そういうものではなくなっています。現代文に訳したものは、私もあまり読みません。読むならば、実は、昔の訳のほうがよいのです。そちらのほうが、ずっと迫力《はくりょく》があるからです。現代のものは、いろいろなものに配慮《はいりょ》しすぎているのです。

例えば、エホバについて、文語訳では、「われは妬《ねた》む者なり」「妬む神なり」と訳しているのですけれども、現代語訳では、「これでは具合が悪い。誤解されるおそれがある」ということで、「私は情熱の神である」と訳しています。

しかし、原語から見ると、はっきり言って、そこには嘘《うそ》があります。少し取り繕《つくろ》ったものがあり、バイブレーションがありません。

したがって、「内容を知る」という意味では、現代語の『聖書』を読むのもよいかとは思いますが、できれば、その次には、もう少し前の時代の、多少は名前のある方が訳された文語体の『聖書』を読まれたほうがよいのではないでしょうか。内村鑑三《うちむらかんぞう》や矢内原忠雄《やないはらただお》のころの訳で勉強したほうが、バイブレーションはあるのではないかと思いますね。やはり、訳した人の格によって、レベルが違《ちが》ってくるのです。

日本語よりストレートな英語説法《せっぽう》のほうが後世《こうせい》に遺《のこ》るかも

ちなみに、私の説法《せっぽう》を聴いた人の入会率は、日本人よりも海外の人のほうが高いのです。英語の場合には、結論が先に来るため、ストレートにズバッと入るからでしょう。

日本人の場合には、日本語ではっきり言うと嫌《きら》われることがあるんですよね。例えば、日本語で、「われは在《あ》りて在《あ》るものなり」「私が始めである」などと話すと、日本人はそういうものに慣れていないため、シラッとする可能性があるんです（笑）。

一方、英語では、ズバッと言うと、そのまま〝直球〟で心に入ることがあるわけです。私も、まだ英語説法の練習中ではありますが、もう少し長く働けるならば、意外と、後世《こうせい》に遺《のこ》るのは英語のもののほうで、日本語のもののほうは埋没《まいぼつ》する可能性もあります。あるいは、中国語に変わっているかもしれませんしね（笑）。まあ、そのへんには分からないところがあります。

英語説法は、全世界で分かってくれる人の数が多いので、私も、「もう少し磨《みが》きをかけなければいけない」と思っています。大した語彙《ごい》を使わずに、易しい言葉で語っているため、通じやすい面もあるのかもしれません。

人々を感動させる宗教家となるには「芸術性」が大事

宗教家というのは、最終的には、詩人でないと駄目《だめ》なのです。詩人としての才能がない人は、宗教家としても大したことがなく、多くの人を感動させたり入会させたりすることができないのです。

先ほど、「情報を取るために、新聞を読む」ということも述べましたが、新聞記事を読み上げるような話しかできない人では、多くの人を感動させて入会させることはできないんですね。

ですから、芸術性のあるものに接する努力が大事です。それは、映画でもよいし、小説でもよいし、詩でもよいし、話でもよいのですけれども、芸術性のあるものに接し、情緒《じょうちょ》の部分を常に耕しておくことが大事だと思います。総合的な答えとしては、そういうことになります。

あとがき

英語は、とにかく努力の科目である。誠実に努力した者には道が開けることになっている。仏教にいう「縁起《えんぎ》の理法《りほう》」をそのままに体現したところが英語学習にはある。

私は常々、「語学に王道なし」「語学に天才なし」と若い人たちに語り続けている。

その言葉に呼応するように、「幸福の科学学園中学校・高等学校」が実績を伸ばし、あと二年余りで、「幸福の科学大学」も創立する予定である。日本の教育は、戦後長らく偏見と差別の中に宗教を置いた。教育においても革命が必要だ。「志《こころざし》」や「情熱」のない教育ではだめだ。国際競争力を高め、未来の政治構想を推し進めるものでなくてはなるまい。また人間が真に人間となるためには「宗教教育」が必須である。本書がそのための一石を投ずることになればと思う。

二〇一二年　十一月二十一日

世界教師《せかいきょうし》　大川隆法《おおかわりゅうほう》

『英語が開く「人生論」「仕事論」』大川隆法著作参考文献

『教育の法』（幸福の科学出版刊）
『ジョーズに勝った尖閣男』（同右）
『大川隆法 シンガポール・マレーシア巡錫の軌跡』（同右）
『バラク・オバマのスピリチュアル・メッセージ』（幸福実現党刊）

※左記は書店では取り扱っておりません。最寄りの精舎・支部・拠点までお問い合わせください。
『TOEICを受験する人たちへ』（宗教法人幸福の科学刊）
『TOEIC300点からの挑戦』（同右）
『中学英語でトニカク話す英会話特訓』（同右）

『ビジネス・エリートのための英単熟語集』（同右）
『黒帯英語への道』（同右）
『類語動詞使い分けメソッド』（同右）

英語《えいご》が開《ひら》く「人生論《じんせいろん》」「仕事論《しごとろん》」――知的幸福実現論――

2012年11月29日　初版第1刷

著　者　　大《おお》川《かわ》隆《りゅう》法《ほう》

発行所　　幸福の科学出版株式会社

〒107-0052 東京都港区赤坂2丁目10番14号
TEL(03)5573-7700
http://www.irhpress.co.jp/

印刷・製本　株式会社 東京研文社

落丁・乱丁本はおとりかえいたします

ISBN978-4-86395-280-5 C0030
Photo: ©frenk58 -Fotolia.com

大川隆法 ベストセラーズ・悪質ジャーナリズムの過ちを正す

人間失格――新潮社 佐藤隆信社長・破滅への暴走

今度は、幸福の科学学園の捏造記事を掲載。ウソの記事でターゲットを社会的に抹殺しようとする、「週刊新潮」の常套手段を暴く!

1,400円

徹底霊査「週刊新潮」編集長・悪魔の放射汚染

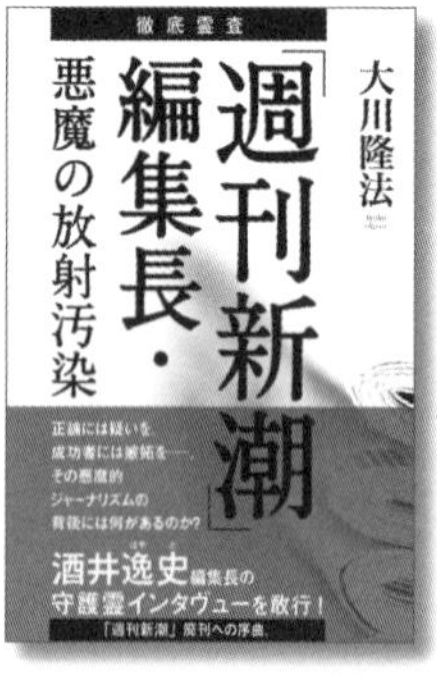

「週刊新潮」酒井逸史編集長の守護霊インタヴュー! 悪魔と手を組み、地に堕ちた週刊誌ジャーナリズムの実態が明らかになる。

1,400円

「週刊新潮」に巣くう悪魔の研究
週刊誌に正義はあるのか

ジャーナリズムに潜み、世論を操作しようとたくらむ悪魔。その手法を探りつつ、マスコミ界へ真なる使命の目覚めを訴える。

1,400円

※表示価格は本体価格(税別)です。

教育

学校法人 幸福の科学学園

幸福の科学学園中学校・高等学校は、幸福の科学の教育理念のもとにつくられた学校です。人間にとって最も大切な宗教教育の導入を通じて精神性を高めながら、ユートピア建設に貢献する人材輩出を目指しています。

幸福の科学学園
中学校・高等学校（男女共学・全寮制）
2010年4月開校・栃木県那須郡

TEL **0287-75-7777**
公式サイト
http://www.happy-science.ac.jp/

関西校（2013年4月開校予定・滋賀県）
幸福の科学大学（2015年開学予定）

仏法真理塾「サクセスNo.1」

小・中・高校生が、信仰教育を基礎にしながら、「勉強も『心の修行』」と考えて学んでいます。

TEL **03-5750-0747**（東京本校）

心の面からのアプローチを重視して、不登校の子供たちを支援しています。また、障害児支援の**「ユー・アー・エンゼル!」**運動も行っています。

不登校児支援スクール「ネバー・マインド」

幼少時からの心の教育を大切にして、信仰をベースにした幼児教育を行っています。

エンゼルプランV

学校からのいじめ追放を目指し、さまざまな社会提言をしています。また、各地でのシンポジウムや学校への啓発ポスター掲示等に取り組むNPO「いじめから子供を守ろう！ネットワーク」を支援しています。

公式サイト **http://mamoro.org/**

ブログ **http://mamoro.blog86.fc2.com/**

相談窓口 **TEL.03-5719-2170**

政治

幸福実現党

内《ない》憂《ゆう》外《がい》患《かん》の国難に立ち向かうべく、二〇〇九年五月に幸福実現党を立党しました。創立者である大川隆法党名誉総裁の精神的指導のもと、宗教だけでは解決できない問題に取り組み、幸福を具体化するための力になっています。

党員の機関紙
「幸福実現News」

TEL 03-6441-0754
公式サイト
http://www.hr-party.jp/

出版
メディア
事業

幸福の科学出版

大川隆法総裁の仏法真理の書を中心に、ビジネス、自己啓発、小説など、さまざまなジャンルの書籍・雑誌を出版しています。他にも、映画事業、文学・学術発展のための振興事業、テレビ・ラジオ番組の提供など、幸福の科学文化を広げる事業を行っています。

TEL 03-5573-7700
公式サイト
http://www.irhpress.co.jp/

入会のご案内

あなたも、幸福の科学に集い、
ほんとうの幸福を
見つけてみませんか？

幸福の科学では、大川隆法総裁が説く仏法真理をもとに、
「どうすれば幸福になれるのか、また、
他の人を幸福にできるのか」を学び、実践しています。

入会

大川隆法総裁の教えを学ぼうとする方なら、どなたでも入会できます。入会された方には、『入会版「正心法語」』が授与されます。（入会の奉納は1,000円目安です）

ネットでも**入会**できます。詳しくは、下記URLへ。

三帰《さんき》誓願《せいがん》

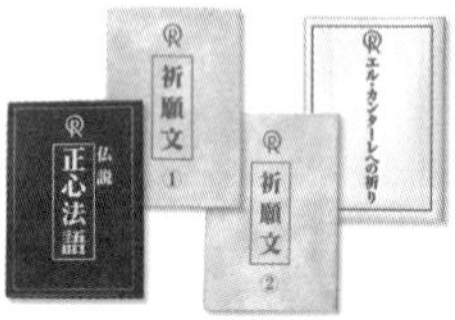

仏弟子としてさらに信仰を深めたい方は、仏・法・僧の三宝への帰依を誓う「三帰誓願式」を受けることができます。三帰誓願者には、『仏説・正心法語』『祈願文①』『祈願文②』『エル・カンターレへの祈り』が授与されます。

植福《しょくふく》の会

植福は、ユートピア建設のために、自分の富を差し出す尊い布施の行為です。布施の機会として、毎月1口1,000円からお申込みいただける、「植福の会」がございます。

「植福の会」に参加された方のうちご希望の方には、幸福の科学の小冊子（毎月1回）をお送りいたします。詳しくは、下記の電話番号までお問い合わせください。

月刊「幸福の科学」

ザ・伝道

ヤング・ブッダ

ヘルメス・エンゼルズ

INFORMATION

幸福の科学サービスセンター

TEL. 03-5793-1727（受付時間 火～金：10～20時／土・日：10～18時）

宗教法人 幸福の科学 公式サイト **http://www.happy-science.jp/**